ADORNO

FOLHA
EXPLICA

ADORNO

MÁRCIO SELIGMANN-SILVA

PUBLIFOLHA

Editor
Arthur Nestrovski

Assistência editorial
Marcelo Ferlin Assami

Capa e projeto gráfico
Silvia Ribeiro

Assistência de produção gráfica
Soraia Pauli Scarpa

Revisão
Mário Vilela

Imagem
Stefan Moses Archiv im Fotomuseum im Münchner Stadtmuseum: Stefan Moses (p. 16)

Editoração eletrônica
Picture studio & fotolito

Dados internacionais de Catalogação na Publicação (CIP)
(Câmara Brasileira do Livro, SP, Brasil)

Seligmann-Silva, Márcio
Adorno / Márcio Seligmann-Silva. – São Paulo : Publifolha, 2003. – (Folha Explica)

Bibliografia.
ISBN 85-7402-477-5

1. Adorno, Theodor W., 1903-1969 – Crítica e interpretação 2. Pensamento crítico I. Título. II. Série.

03.4388 CDD-193

Índices para catálogo sistemático:
1. Adorno : Filosofia alemã 193

PUBLIFOLHA
Divisão de Publicações do Grupo Folha

Al. Barão de Limeira, 401, 6° andar, CEP 01202-001, São Paulo, SP
Tel.: (11) 3224-2196/2202/2205
Site: www.publifolha.com.br – E-mail: *publifolha@publifolha.com.br*

SUMÁRIO

O sofrimento, reduzido ao seu conceito, permanece mudo, sem conseqüências: é o que se pode observar na Alemanha depois de Hitler. Numa época de crueldade inconcebível, talvez só a arte possa satisfazer a reflexão hegeliana que Brecht escolheu para divisa: a verdade é concreta. O tema hegeliano da arte como consciência da infelicidade confirmou-se para além de tudo o que ele podia imaginar. [. . .] O obscurecimento do mundo torna racional a irracionalidade da arte.
Adorno, *Teoria Estética*

A filosofia, que outrora pareceu ultrapassada, permanece viva porque se deixou passar o momento de sua efetivação.
Adorno, *Dialética Negativa*

INTRODUÇÃO: UMA REFLEXÃO AUTOCRÍTICA, OU POR QUÊ, APESAR DE ADORNO, SE JUSTIFICA ESCREVER ESTE LIVRO

Não é fácil a tarefa de expor o trabalho, vasto e complexo, de um autor como Theodor Ludwig Wiesengrund-Adorno. Não apenas por se tratar de uma obra não-passível de "resumir" em algumas páginas. Na verdade, a utopia que estava por trás do projeto da *Encyclopédie*, no século 18 – e que até hoje sustenta nossas tentativas enciclopédicas –, previa a possibilidade de arquivar todo o conhecimento da humanidade em grossos e pesados volumes, organizados em ordem temática ou alfabética.[1] Adorno e muitos de seus companheiros de caminhada intelectual, como Max Horkheimer e Walter Benjamin, descartavam justamente esse modelo de saber enciclopédico.

---

[1] O termo "enciclopédia" vem do grego *egkuklios paideia* e significa "estudo que abarca todo o ciclo do saber". No século 18 foi publicada na França, no contexto do movimento conhecido como iluminismo, uma enciclopédia monumental, sob a direção de Diderot e D'Alambert, a qual visava a apresentar todo o saber acumulado até então.

Em primeiro lugar, porque para Adorno não existiria a possibilidade de separar, sem mais, o conteúdo da forma de uma obra. Toda tentativa de redução representaria uma traição do original – e isso não significa de modo algum que ele reduzisse a obra a uma intencionalidade primária, pura, que seu autor teria passado sem mediação para o texto.[2] Nesse ponto, como veremos, Adorno seguia certa tradição de pensamento alemã, que via na forma, na apresentação (*Darstellung*), um momento indissociável do trabalho do conceito e da reflexão. Portanto, estaríamos correndo o risco de puxar o tapete sob nossos próprios pés ao fazer deste livro um pretenso "resumo" da obra de Adorno.

Mas a questão da "impossibilidade", sob o signo da qual nos situamos aqui, não se limita ao âmbito da crítica do conhecimento (e dos modos de sua apresentação). Adorno também foi um dos mais vigorosos críticos daquilo que ele batizou de "indústria cultural". Nesta (como ele e Max Horkheimer escreveram na *Dialética do Esclarecimento*, em meados dos anos 40), o saber é reduzido à mercadoria; o público, ao público-alvo consumidor; e a cultura se transforma em "pseudocultura": verniz brilhante de algo oco.

A bem da verdade, as duas questões estão intimamente ligadas. Do ponto de vista do positivismo,

[2] Num de seus trabalhos mais aclamados, "O Ensaio Como Forma", Adorno escreveu: "Quem interpreta, ao invés de simplesmente aceitar e classificar, é rotulado como aquele que, impotente, com mal orientada inteligência, entrega-se a finuras, implicando onde nada há para explicar". Aquele que sucumbe à pressão de simplesmente pensar "o que já se encontrava pensado", por outro lado, não fará nada mais que seguir a máxima segundo a qual "compreender não passa, então, de extrair aquilo que o autor teria desejado dizer ou, quando muito, as emoções psicológicas individuais que o fenômeno indicia" (trad. Flávio Kothe, em: Gabriel Cohn [org.], *Theodor Adorno*; São Paulo: Ática, 1986; p. 168-9; esse volume será doravante citado pelas iniciais *TA*).

ou seja, de uma concepção que acredita na possibilidade de dominar e representar o mundo por meio de métodos científicos, sem deixar "restos", a apresentação é epifenomênica (desprezível) enquanto momento do processo de conhecimento. O positivismo toma a linguagem como meio neutro capaz de representar seu objeto de modo integral. Existe justamente uma cumplicidade entre essa concepção da linguagem e aquela que predomina na indústria cultural. Aqui também a linguagem é tratada como instrumento: a saber, como meio de glorificar o presente. Tanto na indústria cultural como no positivismo, não há lugar para a crítica.[3]

A concepção de conhecimento que está na base da enciclopédia tende também a esse acordo incondicional com a realidade. Ela aceita o plano de submeter integralmente seu objeto ao discurso do sujeito de in-vestigação e, por outro lado, nega-se a assumir o elemento discursivo desse saber. A conseqüência de tal visão é que o conhecimento se torna comemoração repetitiva do que existe: publicidade do sempre igual. Mais: a suposta neutralidade científica estende-se por sua propalada indiferença com relação à esfera política.

A crítica do positivismo revela esse modelo do saber científico como propaganda do *status quo*. Para Adorno, tal concepção de conhecimento (amplamente dominante no Ocidente) apenas na aparência se opõe ao que acontece no totalitarismo. Nos anos 60, ele formulou a questão com as seguintes palavras:

---

[3] Cf. Max Horkheimer, *Eclipse da Razão*, 1944 (trad. Sebastião Uchoa Leite; Rio de Janeiro: Labor, 1976; p. 97).

> Se um dia o espírito for levado a passeio, como muitos certamente desejariam, se for adaptado ao gosto do freguês que domina o negócio, elegendo a inferioridade deste como pretexto para sua própria ideologia, então se terá acabado com o espírito tão radicalmente como sob o porrete fascista.[4]

Assim como no universo totalitário e unidimensional do fascismo todos, tendencialmente, constituem o Estado-Leviatã, assim também não existe, para o positivismo, tensão entre o sujeito de conhecimento e o objeto estudado. Já para Adorno, ocorre o contrário. Contrariando o ideal positivista que prega aquela relação mecânica e abstrata entre sujeito e objeto, ele afirma que "nada pode ser extraído pela interpreta-ção que, ao mesmo tempo, não seja também introduzido pela interpretação".[5] O sujeito é parte integrante do processo de conhecimento – e este, por sua vez, não se reduz à simples análise e decomposição em partes do real, mas, antes, é encarado como *interpretação*.

Para Adorno, filosofia é acima de tudo "comentário e crítica", como ele escreveu em 1950 sobre seu amigo (e, de certo modo, mentor intelectual) Walter Benjamin.[6] Ela só pode existir no espaço da tradição e de sua crítica calcada politicamente no presente. Nas obras de arte – musicais, literárias e plásticas –, Adorno aplicaria do modo mais original

---

[4] "Sobre a Pergunta: O Que É Ser Alemão?". Em: *Palavras e Sinais: Modelos Críticos 2*. Trad. M.H. Ruschel. Petrópolis: Vozes, 1995; p. 133.

[5] "O Ensaio Como Forma", p. 169.

[6] "Caracterização de Walter Benjamin", em: *TA*, p. 193.

essas premissas. Para ele, a cultura não podia ser pensada separadamente da crítica; a esta cabe o papel de revelar a não-verdade da primeira.[7] Assim, na *Teoria Estética* (sua última obra), Adorno apresentaria a estética como "a filosofia em si", e não como um campo dela, ou como a aplicação de teoremas ao universo artístico-cultural.

Numa de suas formulações lapidares, no mesmo ensaio sobre Benjamin, ele afirmou também que "sua ensaística consiste na abordagem de textos profanos como se fossem sagrados" e definiu o método do amigo como "uma desmedida entrega ao objeto": "o pensamento adere e se aferra na coisa, como se quisesse transformar-se num tatear, num cheirar, num saborear".[8] O modo pelo qual surge a apresentação na obra de Benjamin também foi valorizado por Adorno, que elogiou seu princípio imagético: Benjamin construía imagens para captar, reter e criticar instantâneos da realidade, que ele surpreendia em momentos estratégicos.

Tanto a entrega ao objeto quanto esse procedimento imagético (o trabalho de construção do saber por meio da elaboração de *constelações* e da exploração de *campos de força*) marcam também a obra adorniana. Para ele, interessava não dissolver as tensões existentes entre as diversas camadas de sentido da realidade, mas antes colocá-las em perspectiva, para explicitar e explorar essas mesmas tensões. Afinal, como ele nota tam-

---

[7] "Cultura verdadeira é aquela implicitamente crítica, e o espírito que se esquece disso vinga-se de si mesmo através dos críticos que ele próprio cria. Crítica é um elemento inalienável da cultura em si mesma contraditória, e, com toda a sua inveracidade, a crítica ainda é tão verdadeira quanto a cultura é inveraz" ("Crítica Cultural e Sociedade", em: *TA*, p. 79).

[8] "Caracterização de Walter Benjamin", p. 193, 198s.

bém com relação a Benjamin, a interpretação não pode visar a um fim pontual, pois, assim como para o Nietzsche tardio, "a verdade não é idêntica ao universal atemporal", e "tão-somente o histórico ministra a configuração do absoluto".[9] A verdade tem um núcleo temporal.

A construção e a leitura das constelações e dos campos de força devem tensionar as diversas estrelas (a saber, os conceitos e suas configurações), a partir da força de gravidade que emana do presente. Adorno, ao contrário de Platão (para quem o mundo das Idéias é imutável), entroniza o efêmero e o transitório. Contra Descartes e as regras expostas nos *Discours de la Méthode*, o ideal não é para ele o saber "claro e distinto", mas sim a fidelidade à dúvida e à *resistência* dos objetos ao saber. Contra os grandes sistemas da filosofia e o desejo de construir dedutivamente um todo sem lacunas, ele prega um anti-sistema, calcado no trabalho de imagens com suas rupturas e descontinuidades: como num mosaico, a totalidade deve brilhar, num lampejo, apenas com base na visão dos fragmentos. Essa é a única fidelidade possível ao "todo".

A partir dessas idéias, tentemos agora tirar algumas conclusões sobre a tarefa que coube a este livro de apresentação à obra de Adorno. O leitor perceberá que não se quis fazer aqui, de modo algum, uma apresentação (desde sempre impossível e, portanto, fadada ao fracasso) do "todo" da "obra" de Adorno. Este trabalho foi elaborado com base em duas perspectivas: apresentar a atualidade (e, em alguns momentos, os limites) de algumas das "constelações" de grande importância no trabalho de Adorno; e, assim, indicar pis-

---

[9] "Caracterização de Walter Benjamin", p. 190.

tas que podem ajudar os leitores interessados a iniciar sua própria caminhada pela obra desse pensador. Nada pode substituir a leitura dos textos dele (idealmente, em alemão – dadas as complexidades arroladas).

Uma apresentação entrecortada pelo comentário justifica-se inteiramente. Afinal de contas, estaríamos caindo nas armadilhas do positivismo ao acreditar na autonomia total da obra adorniana: ela, como qualquer outra, *só existe a partir de suas leituras*. O comentário é não só possível, como essencial, à obra e deve ser visto como parte dela. Deve-se notar que os limites de espaço desta coleção impõem um regime rigoroso de contenção da escrita – teremos de abrir mão de penetrar em várias portas da obra de Adorno. Como ele próprio ensinou nas *Minima Moralia*: "Faz parte da técnica de escrever ser capaz de renunciar até mesmo a pensamentos fecundos, se a construção o exigir".[10]

A obra de Adorno não pode ser desvinculada de sua recepção – e, nesse sentido, é importante recordar como outros comentadores, já desde o final dos anos 60 e início dos anos 70, reportam-se à relação existente entre o nascimento mais intenso do interesse por essa obra e os movimentos estudantis da década de 60. O próprio Adorno notou as semelhanças entre a rebeldia de então e a que marcara os anos 20, em seus tempos de estudante. Seus escritos serviram em parte para alimentar a rebeldia e a crítica radical da sociedade dos anos 60. Mesmo que ele próprio, como veremos, tenha estado – tragicamente – no alvo daquela crítica, não podemos esquecer esse elemento de libertação e

---

[10] *Minima Moralia: Reflexões a Partir da Vida Danificada*. 2. ed. Trad. L.E. Bicca. São Paulo: Ática, 1993; p. 73.

insatisfação profunda com o mundo que se apresenta como traço definidor de sua obra.

Uma das "estrelas" do campo de força que hoje constitui a própria obra de Adorno são suas traduções. Toda tradução é uma interpretação e atualização do "original" em determinado "aqui e agora". Neste livro, procuramos utilizar as traduções brasileiras existentes. Eventualmente, fizeram-se intervenções nelas, ou traduções a partir dos originais, participando assim da cadeia de traduções e comentários da obra de Adorno. De resto, todo este trabalho pode ser visto como uma tentativa de "traduzir" alguns momentos de tal obra.

A leitura e a discussão sérias dos trabalhos de Adorno merecem espaço muito maior do que têm recebido até agora entre nós. O pensamento de Adorno faz contribuições enormes à filosofia, à sociologia, à crítica das artes, à psicologia, à educação e a todo o amplo espectro das ciências humanas. Sua obra é daquele tipo raro que, com o passar dos anos, torna-se cada vez mais atual.

Theodor Adorno (1903-69)

1. A FORMAÇÃO DE UM FILÓSOFO MÚSICO

Theodor W. Adorno viveu intensamente a época histórica e intelectual que lhe coube. Se seu século, o 20, já foi amplamente caracterizado, nas retrospectivas históricas que agora despontam, como o "século das catástrofes", não deixa de ser inquietante o fato de sua data de nascimento, no ano de 1903, ter-se tornado, hoje, a data por excelência de uma nova era de catástrofes humanas: o 11 de setembro.[11] De nosso ponto de vista, é como se ele de fato estivesse predestinado a escrever uma obra que possui em seu epicentro a visão da história como catástrofe. Obra que, aliás, ainda guarda – como poucas – uma atualidade e uma força que a tornam capaz de

---

[11] No dia 11 de setembro de 2001, dois aviões de carreira foram seqüestrados e lançados contra as torres do World Trade Center, em Nova York, provocando a queda de ambas. Um terceiro se chocou contra o Pentágono, em Washington. Outro, que aparentemente também visava a capital, caiu no campo, sem sobreviventes. Foi o atentado terrorista com maior número de mortos já ocorrido nos EUA.

lançar uma luz desconcertante sobre nosso presente. Presente que, de resto, aparece, em grande parte, como uma apavorante concretização de muitos dos mais sombrios prognósticos de Adorno.

Ele nasceu, portanto, em 11 de setembro de 1903, na cidade de Frankfurt am Main. O pai, Oscar Wiesengrund, era um judeu-alemão convertido ao protestantismo.[12] Adorno permaneceu filho único.[13] A mãe, nascida Maria Calvelli-Adorno della Piana, era cantora profissional. Ele foi criado num ambiente burguês seguro, que pôde lhe garantir rara felicidade e sólida formação humanística.

Em família, Adorno vivia intensamente a música. Não só a mãe pôde iniciá-lo no prazer dessa arte: na casa, morava também a irmã dela, a conhecida pianista Agathe Calvelli-Adorno. Maria e Agathe eram corsas, católicas e filhas de uma cantora alemã com um oficial francês de ascendência genovesa. Adorno foi batizado católico e confirmado protestante; ao longo da vida, não se identificou com nenhuma religião. Esse ambiente burguês, musical e cosmopolita deixou sem dúvida profundas marcas em Adorno e pode ser facilmente percebido em suas idéias: na atitude absolutamente crítica diante de qualquer manifestação essencialista da identidade, na idealização da infância como uma espécie de "paraíso perdido",[14] na paixão

---

[12] Na Alemanha do século 19, muitos judeus, num conhecido processo de "assimilação", ou seja, de adaptação aos costumes da Europa capitalista e cristã, converteramse ao protestantismo ou ao catolicismo.

[13] Os dados biográficos de Adorno podem ser lidos nas obras de Martin Jay, Susan Buck-Morss, Gerhard Schweppenhäuser, Wilhelm van Reijen e Gunzelin S. Noerr (cf. a bibliografia no final deste volume).

[14] Cf. sua frase: "aquilo que se realiza na vida não é muito mais do que a tentativa de recuperar a infância" ("Sobre a Pergunta: O Que é Alemão?", p. 130).

pela música e pelas demais artes expressa na maior parte de sua obra, que se dedica justamente a temas da estética.

Adorno estudou piano com Bernhard Sekles (que também foi professor do compositor Paul Hindemith) e depois foi aluno de Alban Berg, vindo a participar, em 1925-6, do círculo de íntimos que gravitava em torno do compositor Arnold Schönberg em Viena. Com apenas 15 anos de idade, Adorno foi introduzido por Siegfried Kracauer (um amigo da família que depois se tornaria um dos mais importantes teóricos do cinema) na leitura da *Crítica da Razão Pura*, de Emanuel Kant (1724-1804). Posteriormente, Adorno escreveu sobre essa época de sua vida: "Por mais de um ano, ele lia comigo, regularmente, nas tarde de sábados, a *Crítica da Razão Pura*. Não exagero em nada ao afirmar que devo mais a essa leitura do que a meus docentes acadêmicos".[15] Tal desenvolvimento intelectual precoce rendeu a Adorno dois artigos escritos ainda em seu período escolar: um sobre o expressionismo, outro sobre uma ópera de Sekles.

Em 1921, ingressou na recém-fundada Universidade de Frankfurt, batizada com o nome do mais ilustre filho da cidade (transformado em paladino da identidade germânica, maculada com a Primeira Guerra Mundial), o poeta Johann Wolfgang Goethe (1749-1832). Ela era mais liberal que as demais universidades alemãs da época e, ao mesmo tempo, carregava a tradição da seção alemã da Universidade de Estrasburgo,

---

[15] Theodor Adorno, *Gesammelte Schriften*. Frankfurt a.M.: Suhrkamp, 1970-86; Band XI: *Noten zur Literatur*, p. 388. Doravante, *Gesammelte Schriften* serão referidos pelas iniciais *GS*.

que se transferira para Frankfurt com a guerra. Ainda em 1921, Adorno leu duas obras fundamentais para sua formação: *Geist der Utopie* (*Espírito da Utopia*), de Ernst Bloch; e *Die Theorie des Romans* (*Teoria do Romance*), de Georg Lukács. Na universidade, além de filosofia, estudou sociologia, música e psicologia. Em 1924, aos 21 anos, doutorou-se com uma tese sobre *A Transcendência do Coisal e do Noemático na Fenomenologia de Husserl* (publicada apenas em 1973, no primeiro volume das obras completas de Adorno), sob a orientação de Hans Cornelius.[16] Esse trabalho situa-se no espírito neokantiano da época: enfoca questões de teoria do conhecimento do ponto de vista transcendental (ou seja, refletindo sobre as condições de possibilidade de nosso saber) e enfatiza as contradições entre elementos idealistas e realistas na filosofia da percepção de Edmund Husserl. A tese de doutorado, apesar de indubitavelmente apresentar traços da obra posterior de Adorno, pode ser comparada aos quadros mais convencionais e ainda impressionistas que alguns vanguardistas do início do século 20 fizeram no começo da carreira.

De qualquer modo, Adorno e Max Horkheimer, que também fez seu doutorado (sobre a *Crítica do Juízo*, de Kant) sob a orientação de Cornelius, encontraram nesse professor um livre-pensante que ensinava os alu-

---

[16] Hans Cornelius (1863-1947) representava uma figura *sui generis* no conservador e formal ambiente acadêmico alemão. Esse professor, que assumia posturas políticas de esquerda e pertencia a uma conhecida família de pintores e compositores de Munique, teve formação em química e outras ciências exatas e só depois se voltou para a filosofia, disciplina de que veio a ser professor ao mesmo tempo que lecionava na escola de artes. Foi entre os alunos de Cornelius – que lhes transmitiu o respeito pela filosofia de Husserl – que Adorno conheceu, em 1922, o amigo que o acompanhou por toda a vida: Max Horkheimer.

nos a andarem com as próprias pernas. Adorno depois elegeu como máxima pensar sempre criticamente, sem venerar cegamente as "autoridades" do pensamento. O contrário seria para ele tão fatal quanto querer se aproximar de seu objeto com uma teoria pronta, preconcebida. Em termos práticos, essa postura se traduziu numa filosofia marcada pelas críticas do conhecimento e do presente (que se fundem em sua obra), e não pela leitura filológica ("museológica") dos autores do passado.

NA VIENA DE SCHÖNBERG

Ainda no último ano de faculdade, Adorno estabeleceu os contatos necessários para ir estudar piano e composição sob a tutela de Alban Berg (e do pianista Eduard Steuermann) em Viena, aonde chegou em janeiro de 1925, para ali permanecer quase dois anos. Na capital austríaca, ainda predominava a mistura de uma filosofia neokantiana e antimetafísica que procurava solução para as aporias do conhecimento numa redução aos elementos lógicos da linguagem. Por outro lado, o expressionismo reinava na pintura de um Oskar Kokoschka, na poesia de um Georg Trakl (falecido em 1914, em conseqüência da guerra, mas ainda influente) e na música de um Arnold Schönberg e seu círculo, no qual se destacavam Alban Berg e Anton Webern.

Uma figura que era central na vida cultural vienense – e que deixou marcas profundas tanto em Benjamin como em Adorno – foi o jornalista Karl Kraus, editor do jornal *Die Fackel* (1899-1936), que ele redigia sozinho desde 1911. Kraus, como Benjamin apontou num belíssimo ensaio de 1931,[17] era não apenas uma voz independente, mas, acima de tudo, um defensor da linguagem e de sua relação direta com a verdade.

Conforme mais de um autor já destacou, era exatamente esse ponto de vista de Kraus que o aproximava de outro admirador do jornalista: Schönberg. O atonalismo do compositor – que Adorno valorizou muito mais que o dodecafonismo, o qual Schönberg desenvolvia justamente no período da estada do jovem alemão em Viena – representava para Adorno um gesto de resistência em meio à dissolução do indivíduo no capitalismo avançado. Para ele, Schönberg desconstruíra a visão naturalista da tonalidade, assim como a crítica dialética revelara que o capitalismo não era um estado natural e eterno da economia.

No entanto, os estudos com Alban Berg não se desenrolaram como esperado. Aparentemente, o mestre vienense – afável e muito dedicado aos alunos – reconheceu em Adorno, mesmo com seu genuíno desejo de tornar-se compositor, um teórico, crítico demais para a produção artística. Ainda assim, existem composições atonais de Adorno: ciclos de canções, peças orquestrais e um coro feminino. Nos anos 30, ele

---

[17] Walter Benjamin, "Karl Kraus". Em: *Gesammelte Schriften*. Frankfurt a.M.: Suhrkamp, 1972 e seguintes; Band II, p. 334-67. Nesse ensaio, Benjamin fala da luta de Kraus contra a fraseologia vazia e barata dos periódicos de sua época. Fazendo um paralelo entre esse embate de Kraus e o confronto de Adolf Loos com a liga dos decoradores e arquitetos das Oficinas de Viena, Benjamin formulou que, para Kraus, o jornalista confunde-se com o decorador que visa a uma *Kunstindustrie*, "indústria cultural", na qual se fundem arte e informação. Ou seja: tanto na decoração como no jornalismo, a linguagem torna-se mero instrumento. No ensaio, notamos vários elementos que Adorno irá desdobrar e aprofundar em sua crítica da "regressão da audição" e da "indústria cultural".

também iniciou uma ópera, com base no romance *Tom Sawyer*, de Mark Twain.

Em 1927, Adorno retorna a Frankfurt e à carreira acadêmica.

KIERKEGAARD

Aos 24 anos, de volta ao círculo de Hans Cornelius, Adorno decidiu escrever sua "tese de habilitação", uma espécie de tese de livre-docência que (até 2002) era pré-requisito para o ingresso na carreira universitária alemã. Adorno elegeu como tema *O Conceito de Inconsciente na Doutrina Psíquica Transcendental*. Nesse estudo, ele procurou aliar uma base filosófica kantiana a uma reflexão sobre o conceito freudiano de inconsciente. Sua tarefa consistia em estabelecer uma noção de inconsciente compatível com o kantismo de Cornelius, mais uma vez seu orientador.

O trabalho realizou de modo infeliz um malabarismo teórico que, de maneira frustrante para Adorno, acabou em sua recusa por Cornelius. Mas essa tese de habilitação é importante, na medida em que representa para Adorno uma transição da filosofia kantiana, transcendental, para uma reflexão social que se abre a uma crítica da sociedade (tendo em vista que o autor estabelece, por exemplo, uma relação entre os "planos do imperialismo" e uma concepção irracionalista do inconsciente e alude ao marxismo em suas conclusões).

O irracionalismo que prega uma visão ontologizante, ou seja, a-histórica, do inconsciente – como em Nietzsche e em Spengler –, é também aproximado da "ideologia fascista".[18] Por outro lado, Adorno reconhece na psicanálise – que ele estudou desde sua estada em Viena, particularmente as *Conferências de Introdução à Psicanálise*, de Freud (1916-7) – um autêntico método de investigação de nosso mundo psíquico, o que, na época, ainda era extremamente controverso.

Só restou a Adorno dar continuidade a seu percurso acadêmico iniciando outra tese de habilitação. Dessa vez, o tema foi a filosofia de Kierkegaard. Entre 1929 e 1930, Adorno escreveu *Kierkegaard – Construção do Estético*, que foi aceito como tese de habilitação em 1931, por Paul Tillich,[19] e publicado (após ampla revisão) em 1933, no dia em que os nazistas assumiram o poder. Pouco depois, em 3 de abril (um dia após um boicote anti-semita) foi publicada sua resenha do livro de autoria do amigo judeu Walter Benjamin, no jornal *Vossische Zeitung*.

Como o próprio Adorno destacou, seu primeiro livro ficou obscurecido pelos dramáticos acontecimentos políticos. Nessa obra, o gesto filosófico de Adorno já aponta para o futuro grande intérprete da cultura e da história da filosofia. Indo contra as leituras contemporâneas, que elevavam Kierkegaard a "herói da sub-

---

[18] "Der Begriff des Unbewusstes in der transzendeltalen Seelenlehre", em: *GS*, Band I, p. 319. Para um comentário em português sobre as primeiras obras de Adorno do ponto de vista do conceito de "coisificação", cf. o estudo de Álvaro Valls, "Nas Origens do Pensamento de Adorno (1924-38): o Surgimento do Conceito de Coisificação", em: *Estudos de Estética e Filosofia da Arte numa Perspectiva Adorniana* (Porto Alegre: Ed. da UFRGS, 2002; p. 63-133).

[19] Paul Tillich (1886-1965) foi um importante teólogo que ocupou a cadeira de Cornelius (de filosofia, sociologia e pedagogia social) depois que esse último emigrou para a Finlândia. Tillich manteve relação muito próxima com o Instituto de Pesquisas Sociais, foi co-editor da revista *Neue Blätter für den Sozialismus* e emigrou para os EUA em 1933, após ter sido suspenso de seu cargo pelos nazistas.

jetividade" – da fé, nas leituras teológicas, e da "interioridade", nas existencialistas, de tonalidade heideggeriana –, Adorno propõe-se a interpretar a obra do teólogo dinamarquês do ponto de vista de seu significado histórico. Para isso, mobiliza autores como Marx, Lukács (tanto o romântico de *A Alma e as Formas*, de 1911, e da *Teoria do Romance*, de 1920,[20] como o marxista de *História e Consciência de Classe*, de 1923), Benjamin e Ernst Bloch. A crítica do elemento mítico da filosofia já assume aqui papel de destaque (como depois, em escala maior, nos anos 40).

O conceito de coisificação, desenvolvido por Lukács em *História e Consciência de Classe* (que, por sua vez, desdobra a noção marxista de fetiche da mercadoria),[21] foi central para a análise sociológica de Adorno. Conforme Benjamin destacou na referida resenha, a crítica de Adorno estende-se a todo o idealismo alemão a partir da filosofia desse "temporão" do idealismo que foi Kierkegaard. Adorno surpreende a interioridade tão prezada pelo dinamarquês nas inú-

---

[20] Vale lembrar que o primeiro curso avançado que Adorno ministrou após ter sido empossado como professor em Frankfurt, em 1931, versou sobre essa obra de Lukács.

[21] Para Marx, como lemos em *O Capital*, o caráter de "fetiche" que a mercadoria adquire deriva do fato de que, nas relações de troca do capitalismo, o caráter social dos produtos surge como qualidade natural; ou seja, nas trocas comerciais permanece oculta a origem dos produtos em determinada quantidade de trabalho. Na mercadoria, seu valor assume a forma de um valor natural, sem história. Marx e seus seguidores, como Karl Korsch e Georg Lukács, assumiram como tarefa sua apresentar essa história e desmontar a ideologia que encobre os fatos. A noção lukacsiana de *Verdinglichung* ("reificação" ou, segundo outra tradução possível, "coisificação") indica justamente esse processo que está na origem do fetiche da mercadoria. Como G. Schweppenhäuser nota com precisão, para Adorno a coisificação representa apenas um epifenômeno numa sociedade marcada pela possibilidade da "catástrofe total". O antagonismo de classes fica para trás diante do antagonismo da totalidade social, marcada pela dissolução da humanidade. (*Negative Dialektik*, em: *GS*, Band 6, p. 191. Obra doravante citada pelas iniciais *ND*. Cf. Schweppenhäuser, p. 97s.)

meras descrições de interiores que pontuam sua obra. Como Benjamin escreveu: "Assim, a interioridade kierkegaardiana recebe seu local determinado na história. Seu modelo é o interior burguês, no qual os traços históricos e míticos se interpenetram".[22] Naqueles interiores, recorda Benjamin, a interioridade revela-se "a prisão histórica do ser humano primordial". Lendo esse trabalho que Adorno escreveu aos 26 anos, mais de um comentador já observou a impressionante continuidade que se pode perceber entre a tese de habilitação e o resto de sua obra.

Os anos de preparo da tese foram marcados também por intensa troca intelectual. A partir de 1927, Adorno visitou freqüentemente Berlim, onde morava sua futura esposa, Gretel Karplus (a química com quem se casaria em 1937 e viveria o resto da vida, sem terem tido filhos), e onde também conviveu com amigos e intelectuais como os já citados Walter Benjamin, Siegfried Kracauer e Ernst Bloch e outros, como o regente Otto Klemperer, o artista plástico László Moholy-Nagy, o dramaturgo e poeta Bertolt Brecht e os compositores Hans Eisler e Kurt Weil.[23]

A Berlim dos anos 20 viveu grande atividade cultural, intelectual e política. Os intelectuais de esquerda da esfera de Adorno tendiam para um marxismo hegeliano, do tipo de Korsch e Lukács. As intensas conversas com Benjamin, que ele conhecera em 1923, tiveram continuidade nas visitas deste a Frankfurt em 1928. O ensaísmo de Adorno, seu estilo paratático,

---

[22] W. Benjamin, "Kierkegaard: das Ende des philosophischen Idealismus". Em: *Gesammelte Schriften*, Band III, p. 382. Cf. ainda as cartas de Benjamin a Adorno de 1º/12/1932 e de 14/1/1933, em que ele elogia seu livro (Adorno, Benjamin, *Briefwechsel 1928-1940*; Frankfurt a.M.: Suhrkamp, 1994; p. 32 e 34).

[23] Buck-Morss, p. 60.

cheio de rupturas (para ele, tratava-se de um gesto de fidelidade para com o real, que também é pleno de rupturas), o uso de imagens em sua escrita, a recusa do sistema, o foco nos fenômenos estéticos, a confluência entre o marxismo hegeliano e a psicanálise e, por fim, a postura antifilológica e não-subserviente diante da tradição dos "grandes pensadores", tudo isso é comum também a Benjamin.[24] Adorno se tornou profundo conhecedor dos escritos do amigo – a ponto de, nos anos 30, vir a cobrar dele uma postura mais "benjaminiana".[25]

---

[24] Tanto a escrita de Adorno quanto sua postura diante da tradição fizeram com que certos comentadores, como Martin Jay, aproximassem sua obra do desconstrucionismo, querendo indicar com essa rubrica sobretudo a obra de Jacques Derrida (que, em 2001, recebeu da cidade de Frankfurt o Prêmio Theodor W. Adorno; cf. seu discurso de agradecimento: "A Língua do Estrangeiro"; trad. F. Bernardo; *Le Monde Diplomatique*, edição portuguesa, jan. 2002, n. 34). Para uma exposição mais abalizada sobre a relação entre essas duas obras, cf. o volume organizado por Sigrid Weigel, *Flaschenpost und Postkarte: Korrespondenzen zwischen Kritischer Theorie und Poststrukturalismus* (Köln/Weimar/Wien: Böhlau, 1995). Sobre a prática filosófica de Benjamin como atitude de intérprete e leitor do mundo, cf. meu *Ler o Livro do Mundo: Walter Benjamin – Romantismo e Crítica Poética* (São Paulo: Iluminuras/Fapesp, 1999).

[25] Com relação ao debate Adorno-Benjamin, cf. Buck-Morss, p. 274-367.

2. PERSEGUIÇÕES POLÍTICAS E A CRÍTICA AO JAZZ

O INSTITUTO DE PESQUISAS SOCIAIS

A ascensão do nazismo atingiu em cheio a até então brilhante carreira do jovem professor. Adorno ainda tentou transferir para Viena sua cátedra (o que, no máximo, teria postergado para 1938 seu confronto com as forças nazistas), mas não obteve sucesso. A alternativa foi o exílio, a princípio em Oxford, no Merton College, onde teve de se contentar com o status de aluno. Até 1937, no entanto, ainda realizou várias viagens a Alemanha, sobretudo a Berlim, para visitar Gretel Karplus. No ano em que Adorno entrara como professor para a Universidade de Frankfurt, seu grande amigo Max Horkheimer se tornara diretor do Instituto de Pesquisas Sociais. Em 1933, também o Instituto precisou partir para o exílio.

O Instituto de Pesquisas Sociais tem origem independente de Horkheimer e Adorno. Seu estabelecimento remonta à Semana de Jornada Marxista (*Marxistische Arbeitswoche*) que ocorreu na Turíngia no final de maio de 1923. Esse encontro realizou-se por iniciativa de Karl Korsch e contou com o apoio do argentino Felix José Weil, filho de Hermann Weil (que voltara da Argentina em 1907, após ter feito fortuna com o comércio de cereais).[26] Felix estudou economia em Frankfurt e estava vinculado desde 1919 ao Grupo de Estudantes Socialistas. Com sua fortuna, ele não apenas financiou a fundação do Instituto, mas também sustentou artistas e intelectuais de esquerda, como George Grosz e Erwin Piscator, e patrocinou aquela Semana de Jornada Marxista, que contou com sua participação, mais a de Korsch, Lukács e Friedrich Pollock (economista que, de família de empresários, era grande amigo de Horkheimer e seria diretor do Instituto em 1928-30), entre outros.

O Instituto foi fundado naquele mesmo ano de 1923. Entre 1924 e 1927, foi dirigido pelo economista Carl Grünberg e desenvolveu seus trabalhos sob a égide de um marxismo ortodoxo – ainda que independente do Partido Comunista –, com ênfase economicista, centrando-se no movimento operário e em outras pesquisas de história empírica. Após a gestão de Pollock como diretor, Horkheimer assumiu esse posto, imprimiu a marca de seu trabalho em filosofia e levou adiante a tentativa de aproximar o marxismo hegeliano das contribuições da psicanálise. Mas, após a tomada do poder pelos nazistas, em 30 de janeiro de 1933, o Instituto teve de emigrar, como já dissemos.

---

[26] Cf. Michael Buckmiller, "Die Marxistische Arbeitswoche 1923 und die Gründung des Instituts für Sozialforschung", em: Reijen e Noerr, p. 160.

O Instituto era não apenas uma organização assumidamente marxista, mas também se compunha quase exclusivamente de pesquisadores judeus. Os nazistas o fecharam em março, por apresentar "tendências hostis ao Estado", e quase todos os mais de 70 mil volumes da biblioteca foram confiscados pelo governo. Em 13 de abril, Horkheimer, ao lado de Paul Tillich, Karl Mannheim e outros, foi oficialmente destituído da Universidade. A seção do Instituto em Genebra passou a centralizar as atividades, sob o nome de Société Internationale de Recherches Sociales. Em Londres e Paris, também se criaram pequenas seções, para abrigar os membros refugiados nessas cidades.

Ainda em 1933, publicou-se em Paris o primeiro número editado fora da Alemanha da *Zeitschrift für Sozialforschung* (*Revista de Pesquisas Sociais,* órgão de divulgação dos trabalhos do Instituto), que passou a dar um sentido de unidade ao grupo de intelectuais exilados. A revista seria publicada naquela cidade até 1940, quando mais uma vez o Instituto precisou fugir dos nazistas, indo para os EUA. A partir de 1938, Adorno torna-se membro oficial do Instituto.[27]

ANÁLISE CRÍTICA DO JAZZ

Na Inglaterra, Adorno retomou os estudos da filosofia de Husserl e escreveu o manuscrito do que veio a ser *Para uma Metacrítica da Epistemologia*, livro publicado em 1956. Durante essa estada, também publicou dois importantes trabalhos na *Zeitschrift für*

---

[27] Martin Jay, *La Imaginación Dialéctica*, p. 64s.

Sozialforschung: em 1936, "Sobre o Jazz" e, em 1938, "O Fetichismo na Música e a Regressão da Audição". Ambos os ensaios desdobravam algumas idéias de seu estudo "Sobre a Situação Social da Música", publicado em 1932 no primeiro número da *Zeitschrift*. Ali, Adorno já introduzira a questão de como a música, no capitalismo avançado, transforma-se ao se tornar mera mercadoria. Ele constata que o "caráter de fetiche" dessa música reproduz a dominação. Adorno contrapõe outra música, que não oculta a situação de heteronomia e de dissolução do indivíduo alienado e convoca "à transformação [da miséria] na escrita cifrada do sofrimento".[28]

Tal formulação já nos permite vislumbrar a concepção central da estética de Adorno, que tende a ver a obra como "hieróglifo" dos sofrimentos da humanidade – e da natureza, poderíamos acrescentar. Afinal, essa idéia Adorno lera no livro de Benjamin sobre o drama barroco alemão. Nele, Benjamin analisa a obra de arte pelo aspecto da apresentação da história como catástrofe.[29]

O que acompanhamos em "Sobre a Situação Social da Música" é uma releitura do tema de um ponto de vista dialético, servindo-se das categorias de alienação e coisificação para explicar a redução da música ao nível de mercadoria – mas também para apontar a Escola de Viena (de Schönberg, Berg e Webern) como possibilidade de enfrentamento da-

---

[28] *Zeitschrift für Sozialforschung*, Band 1, 1932, p. 105. Traduções citadas de Valls, op. cit., p. 103.

[29] Quanto à concepção de história como catástrofe em Benjamin, cf. nosso trabalho "Catástrofe, História e Memória em Walter Benjamin e Chris Marker: a Escritura da Memória", em: M. Seligmann-Silva (org.), *História, Memória, Literatura: o Testemunho na Era das Catástrofes* (Campinas: Ed. da Unicamp, 2003).

quela tendência. Ou seja, diferentemente da versão lukacsiana do marxismo, que ainda acreditava nas forças proletárias como motor da história na construção de uma sociedade emancipada, Adorno vai trilhar o caminho da estética e da valorização do âmbito artístico como esfera de possível resistência à tendência de alienação total. Para Adorno, "a música é alienada porque está coisificada". Ela satisfaz, para fazer com que os ouvintes se *esqueçam* de refletir sobre sua situação.

Para Adorno, o jazz representava desde então uma espécie de suma dessa situação da arte: ele é ideologia, na medida em que se apresenta ilusoriamente como arte complexa e como representante de um mundo de indivíduos livres, capazes de expressar tal liberdade nas "improvisações". A fúria do ataque específico de Adorno ao jazz deixou-se expressar até no pseudônimo irônico que utilizou para assinar o ensaio "Sobre o Jazz": Hektor Rottweiler (por homofonia, "reitor rottweiler" e "cem vezes rottweiler"; mas também o *rottweiler* que quer "retificar" algo).

O Fetichismo na Música

No ensaio de 1938, ele pensa um novo parâmetro – de resistência – para a estética, no qual não haveria apenas uma restituição do conceito de "gosto" (noção em crise, que afunda junto com as diferenças entre os indivíduos massificados), mas, sobretudo, um estabelecimento de critérios com base nos quais a "arte responsável" poderia ser julgada. Esses critérios reaproximam a reflexão estética – como nas origens, no século 18, com G. Baumgarten, M. Mendelssohn, G.E. Lessing e E. Kant – da teoria da percepção (*aísthesis*, em grego) e do conhecimento, o que inclui também a reconciliação com as noções de verdadeiro e falso que haviam sido postas em questão pelo relativismo.[30] No limite, como veremos adiante, Adorno formula uma *ética da representação*, na qual o campo das artes só pode ser pensado a partir e dentro do campo político. Só assim se poderia confrontar a tendência geral ao "esquecimento" e à reificação.

O ensaio "O Fetichismo na Música e a Regressão da Audição" apresenta, portanto, elementos centrais da filosofia-estética de Adorno. Ele notou aí que a valoração não tem mais espaço num universo em que dominam as mercadorias padronizadas; no campo das idéias, seu equivalente seria a "opinião pública". No mundo onde tudo é medido pelo valor de troca, tudo se torna intercambiável: do ponto de vista qualitativo, tudo se reduz à indiferença.

O ouvinte moderno – ou, expandindo o modelo de análise adorniano, aquele que está diante de uma obra de arte de modo geral – comporta-se como o narrador de uma história de Kafka, "Josefina, a Cantora, ou o Povo dos Camundongos": ele não sabia dizer se era verdade o que diziam, que Josefina decidira "encurtar os floreios" de seu canto. De resto, ele nunca notara "no seu canto algo do gênero". Se ela de fato deixara de lado os floreios, não fazia "nenhuma diferença". Ou seja: se a audição regrediu, sua contraparte é a redução da música a mero ritual mu-

---

[30] "O Fetichismo na Música e a Regressão da Audição". Trad. L. Baraúna. Em: Th. W. Adorno, W. Benjamin, M. Horkheimer e J. Habermas, *Textos Escolhidos*. São Paulo: Abril Cultural, 1983; p. 165. Quanto à fundação da estética no século 18, cf. o texto de nossa autoria "Intradução/Introdução: *Mimesis*, Tradução, *Enárgeia* e a Tradição da *Ut Pictura Poesis*", em: G.E. Lessing, *Laocoonte ou Sobre as Fronteiras da Pintura e da Poesia* (trad. M. Seligmann-Silva; São Paulo: Iluminuras/Secretaria de Estado da Cultura, 1998; p. 7-72).

sical, mercadoria abstrata.[31] Diante da questão de saber se a "culpa" pela incapacidade de perceber a diferença está do lado do ouvinte ou do cantor, a resposta adorniana é que ela se localiza no próprio fundo da sociedade que produz essas obras. No mundo da coisificação, *não existe lugar para a diferença*. Essa será uma das principais teses do livro *Dialética do Esclarecimento*, de Adorno e Horkheimer.

A contrapelo do que acreditou ser um elogio exagerado da obra de arte contemporânea por Benjamin no famoso ensaio de 1936 sobre a reprodutibilidade técnica,[32] Adorno procura salvar nesse ensaio a "arte autônoma", na figura da "música séria", que ele opõe à "ligeira". Para ele, "a música de entretenimento preenche os vazios do silêncio que se instalam entre as pessoas deformadas pelo medo, pelo cansaço e pela docilidade de escravos sem exigências".[33]

Uma Promessa Banida de Felicidade

Para Adorno, a *promesse de bonheur* (promessa de felicidade) que antes caracterizava a arte foi banida de nosso mundo;[34] a exceção são aquelas obras que ainda ousam retirar a máscara de felicidade e apresentar a *face doentia* do cotidiano. Na dissonância, ele vê um meio de a mú-

---

[31] Franz Kafka, *Um Artista da Fome/A Construção*. Trad. Modesto Carone. São Paulo: Companhia das Letras, 1998; p. 56. Em alemão, o termo técnico para "floreios no canto" é *Koloraturen*, o que nos permite estender essa reflexão para o fato de que à surdez para os matizes da voz corresponde uma cegueira generalizada para a *diferença*. Isso é exemplificado no romance *O Processo*, de Kafka, em que surge a figura do artista Titorelli, que pinta quadros "totalmente iguais" (cf. Kafka, *Gesammelte Werke*, Frankfurt a.M.: Fischer, 1994; Band 1, p. 291, e Band 3, p. 172).

[32] Walter Benjamin, "A Obra de Arte na Era de Sua Reprodutibilidade Técnica". Em: *Obras Escolhidas*. Trad. Sergio Paulo Rouanet. São Paulo: Brasiliense, 1985; v. 1, p. 165-96.

[33] "O Fetichismo na Música e a Regressão da Audição", p. 166.

sica manter seu teor de verdade e escapar à mentira da música de entretenimento. "Somente se mantém fidelidade à possibilidade do prazer onde cessa a mera aparência":[35] nada poderia descrever melhor a situação das artes no século 20, tendo seus grandes representantes em Schönberg, Kafka, Beckett e Celan, para citarmos apenas alguns dos artistas e literatos que estavam mais próximos da esfera de interesse de Adorno.

Essa arte que não é mais mera aparência pode ser também descrita como "arte da dor", ou "arte do real". Nela, o ilusionismo que marcou as artes, desde Homero até o início das vanguardas, é substituído por uma economia árida de apresentação das feridas e rupturas da vida. É evidente que, com categorias desse tipo, a obra de Adorno adianta-se como uma das principais fontes para que se possa refletir de modo sério sobre o que ocorre com as artes ao longo do século 20 – a saber, sua paulatina transformação, do lado tanto da produção como da recepção, em arte testemunhal, que indica a impossibilidade de permanecer na clausura do ilusionismo.

O ensaio de Adorno desenvolve-se num *topos* romântico, que contrasta o "em outros tempos" com o "mas agora". Na verdade, Adorno não sucumbe ao

---

[34] "A fórmula stendhaliana sobre a *promesse du bonheur* significa que a arte presta justiça à existência, ao acentuar o que nela pré-anuncia a utopia. Mas esta parte de utopia diminui cada vez mais, a existência torna-se mais e mais semelhante a si própria" (*Teoria Estética*; trad. A. Mourão; Lisboa: Edições 70, 1982; p. 342). Adorno toma de Benjamin a noção de "aura" da obra de arte, enquanto momento que a relaciona com a tradição e com uma distância insuperável, para indicar esse Outro sugerido pela arte. Cf. seu artigo "A Indústria Cultural", em: *TA*, p. 95.

[35] "O Fetichismo na Música e a Regressão da Audição", p. 169. Lembremos também a seguinte afirmação do mesmo ensaio: "já é inteiramente impossível que a aparência chegue a ser um testemunho válido da essência" (p. 179). Apenas a arte que rompe com o jogo de aparência pode ainda reivindicar qualidade artística.

mero conservadorismo "mandarinesco", como se costuma dizer de sua obra. Afinal de contas, ele se mostrou um dos mais gabaritados defensores das vanguardas e não pode ser simplesmente igualado à crítica conservadora de um Spengler ou Klages. Não era "inimigo da cultura"; antes, queria apontar para a "dialética do esclarecimento", ou seja, para o fato de que só existe progresso à custa do aumento da barbárie. Donde a necessidade constante e vigilante da crítica. Para ele, não se tratava de iluminar a "decadência", mas sim, como ficou claro em *Dialética do Esclarecimento,* de mostrar o compromisso entre o esclarecimento e o domínio das forças míticas.

O que ele exige da arte contemporânea é que recupere a capacidade de auto-reflexão; que dialogue com indivíduos autênticos, e não com membros de uma massa amorfa. Estes têm comportamento sadomasoquista diante da música fetichizada, na medida em que cultuam aquilo que os escraviza.[36] Como crianças (por isso Adorno fala em "regressão da audição"), esses ouvintes perderam a capacidade de julgar a música. Ao lado do esporte[37] e do cinema, Adorno localiza a música de massas como uma das mantenedoras da estultícia generalizada.[38] A música que não sai da cabeça é, de antemão, música esquecida: está tão presente quanto nossa consciência do ato de respirar.

---

[36] Num ensaio muito posterior, "Experiências Científicas nos Estados Unidos", Adorno explicou de modo bem didático o que entende pela "consciência coisificada" que caracteriza esse falso indivíduo. Cf. *Palavras e Sinais*, p. 148.

[37] Com relação ao esporte e sua conexão com as tendências regressivas da sociedade, Adorno matizou seu julgamento no ensaio "Educação Após Auschwitz" (trad. A. Onesti; em: *TA*, p. 30; o texto, originariamente uma conferência radiofônica de 1966, foi depois publicado no volume *Stichworte*), em que estabeleceu distinção entre as tendências "antibarbáricas" e "anti-sádicas" do esporte e a potencialidade desse último para suscitar agressão, crueldade e sadismo. Os educadores deveriam estar atentos a essa ambigüidade e agir para evitar as tendências regressivas.

O teorema benjaminiano que vinculara a recepção da arte contemporânea – sobretudo a do cinema – à distração é tratado de modo crítico por Adorno, ao transpô-lo para a análise da música, na medida em que vincula a desconcentração do ouvinte a essa equivalência entre o "rápido recordar" e o "esquecer-se". Em Adorno, coisificação – ou reificação – equivale a esquecimento. A infantilidade do ouvinte moderno é perceptível também no predomínio da melodia e do atrativo do timbre nas novas produções musicais de sucesso, sobretudo no jazz, como também na predileção por "instrumentos infantis", como a guitarra, a harmônica e o banjo. De resto, o gosto pelas citações de cantigas infantis e populares – e a citação na música de um modo geral – também caracteriza para Adorno essa regressão da audição. Nem pensemos qual seria seu juízo sobre o rap...[39]

Moda Intemporal

Em 1938, recém-chegado aos EUA, ele já percebera a tendência da dança a uma mímesis do ato sexual: "o comportamento 'segundo a realidade' do oprimido

[38] Cf. também o ensaio de Adorno "Sobre Música Popular", de 1941 (trad. F. Kothe, em: *TA*, p. 115-46), redigido, assim como aquele sobre a regressão da audição, durante sua participação no Princeton Radio Research Project, com o qual trabalhou em Nova York entre 1938 e 1940.

[39] No rap, podemos destacar um elemento político positivo, mas é inegável seu uso pela indústria cultural, bem como a generalização de elementos infantis da cultura popular. Contra o que Adorno fez em relação ao jazz, poderíamos tentar distinguir o rap autêntico do pasteurizado. Adorno afirma que o procedimento rítmico é idêntico, enquanto princípio, no jazz refinado e na música popular ordinária e que se deve contestar a diferenciação entre um jazz "autêntico" e um comercial (*Prismas*; trad. A. Wernet e J. Almeida; São Paulo: Ática, 2001; p. 281).

triunfa sobre seu sonho de felicidade".[40] Por outro lado, a música de Schönberg e Webern resistiria à regressão da audição: "a sua música dá forma àquela angústia, àquele pavor, àquela visão clara do estado catastrófico ao qual os outros só podem escapar regredindo".[41]

É evidente que Adorno sabia reconhecer as novidades introduzidas pelo jazz, mas insistia no elemento não tão inovador dessas pretensas "revoluções". Num ensaio de 1953, "Moda Intemporal – Sobre o Jazz", publicado originariamente na revista *Merkur* e retomado no volume *Prismas: Crítica Cultural e Sociedade*,[42] ele reconhece nos *Negro spirituals* uma unidade entre lamento escravo e confirmação da submissão. As origens anárquicas do jazz foram domadas por sua industrialização.[43] Adorno vê no jazz uma moda intemporal, que é determinada por fatores econômicos e reflete uma situação social de estagnação planejada. Em suma, para Adorno, o jazz é um dos tentáculos da indústria cultural e, portanto, "satisfaz os desejos apenas para, ao mesmo tempo, frustrá-los".[44] Quem cede ao jazz, "capitulou diante da barbárie".[45]

O conformismo dessa música é comparável ao dos seguidores do positivismo lógico. A pseudo-individuação gerada pelo jazz leva, na verdade, a um sentimento de pertença e de identificação, reproduzindo o estado de servidão. Desse modo, a arte torna-se meio de "adaptação social": ela é "desartizada [*entkunstet*]",[46]

---

[40] "O Fetichismo na Música e a Regressão da Audição", p. 185.

[41] Ibid., p. 191.

[42] P. 117-30.

[43] Ibid., p. 126.

[44] Ibid., p. 123.

[45] Ibid., p. 125.

[46] Ibid., p. 129.

ou "desartificada", segundo Philippe Lacoue-Labarthe.[47] "O jazz é a falsa liquidação da arte: a utopia, em vez de se realizar, sai de cena" – eis a formulação com a qual Adorno arremata seu ensaio de 1953.[48]

Na mesma *Merkur*, o ensaio geraria uma resposta de Joachim-Ernst Berendt, publicada ao lado de uma réplica do próprio Adorno. Ali, nosso autor se defendeu, entre outras críticas, da acusação de ser racista. Ele deixou claro que "não acuso o jazz por sua selvageria ou anarquia, mas por sua docilidade e seu caráter convencional. [...] o aspecto excessivo e insubmisso do jazz [...] ainda ressoa. [...] Mas acredito que seus anseios [...] foram desfigurados e desviados autoritariamente num falso primitivismo".[49]

NOVA YORK E AS PESQUISAS SOBRE A AUDIÇÃO RADIOFÔNICA

Em junho de 1937, Adorno fez uma visita de algumas semanas a Nova York, mas foi apenas em fevereiro do ano seguinte que, aceitando um convite de Horkheimer, ele emigrou para aquela cidade. Adorno foi incumbido de participar de um projeto radiofônico. Estava vinculado tanto ao Instituto (agora abrigado

---

[47] "Remarque sur Adorno et le Jazz". *Rue Descartes*, n. 10, juin 1994.

[48] *Prismas*, p. 130.

[49] Ibid., p. 283 e 285 (trad. modificada). Com relação à crítica radical de Adorno ao jazz, cf. o recente livro de Christian Béthume, *Adorno et le Jazz: Analyse d'un Déni Esthétique* (Paris: Klincksieck, 2003), que procura salvar o jazz das críticas de Adorno demonstrando um limite da própria estética do autor de Frankfurt, o que não lhe permitia *entendre* esta música, pensando tal verbo em seus dois sentidos: "ouvir" e "compreender".

na Universidade Columbia) como ao Princeton Radio Research Project, dirigido por Paul Lazarsfeld. Adorno teve de se adequar a um tipo de pesquisa experimental com o qual não estava acostumado. Para estudar as modificações no ouvinte moderno, seu grupo deveria realizar questionários e pesquisas empíricas, do tipo behaviorista, nas quais o ouvinte-cobaia apertaria um dispositivo quando um trecho da música que ouvia lhe agradasse.

Não é difícil imaginar as dificuldades de Adorno em se adequar a essa mudança radical de perspectiva de seus estudos sobre música e sociologia da arte. Tentou enfrentar a situação dando continuidade a seu trabalho ensaístico vinculado ao Instituto, onde desdobrava filosoficamente as questões que surgiam nas pesquisas empíricas. O trabalho de 1938 sobre a regressão da audição foi sua primeira publicação desse período.

Também deu continuidade a um livro sobre Wagner, que fora iniciado em 1937 e viria a ser publicado apenas em 1952, *Versuch über Wagner* (*Ensaio Sobre Wagner*). Adorno manteve-se crítico diante do credo positivista que apenas reproduzia a "consciência coisificada" que ele queria justamente criticar. Teve de fazer uma revisão dos "métodos coisificados" que acreditavam ser possível *medir* a cultura (e tratar da "coisificação da consciência") de modo imparcial.

3. UMA OBRA A PARTIR DA "VIDA DANIFICADA"

MUDANÇA PARA A CALIFÓRNIA: A REDAÇÃO DE DIALÉTICA DO ESCLARECIMENTO

Em 1941, Adorno muda-se para Califórnia, após o término do Princeton Project. Até 1944, dedica-se com Horkheimer à *Dialektik der Aufklärung* (*Dialética do Esclarecimento*, na consagrada tradução para o português, embora o título alemão também signifique "Dialética do Iluminismo"), que veio a representar uma espécie de suma das idéias dos dois autores (e do que se convencionaria chamar, de modo meio arbitrário, "Escola de Frankfurt").[50] O livro teve sua publicação definitiva em 1947, acrescido de um importante capítulo, "Elementos do Anti-Semitismo", que incorporava as pesquisas empíricas do Instituto realizadas naquela época.

Em 1944, Horkheimer havia sido contratado pelo Comitê Judaico Americano para dirigir seu Departamento de Pesquisa Científica. Desse modo, iniciou-se uma pesquisa, que seria publicada na série *Studies in Prejudice* (*Estudos do Preconceito*). A pesquisa sobre *The Authoritarian Personality* (*A Personalidade Autoritária*), capitaneada por Adorno na época, deve muito ao trabalho de Horkheimer. Esse estudo de Adorno nasceu de um desejo comum aos membros do Instituto de analisar as origens do fascismo em seu aspecto subjetivo. Adorno, no entanto, buscou enfatizar a necessidade de juntar a pesquisa de tipo quantitativo a aspectos qualitativos e históricos. Da maneira que ele mesmo descreveu esse trabalho de equipe, seu núcleo consistiu no desenvolvimento da "Escala F", em que a letra F indicava "fascismo". Com base na pesquisa de campo orientada por questionários, o trabalho continha também análises de fôlego redigidas pelo próprio Adorno, nas quais conceitos como o do pensamento estereotipado – *ticket thinking* – são desenvolvidos.[51] Desse modo, visava-se a estabelecer critérios para definir o potencial autoritário de uma população, com suas idéias etnocêntricas, predisposição para violência, submissão à autoridade etc.[52]

Ainda na Califórnia, Adorno concluiu três importantes obras: *Komposition für den Film* (*Composição

---

[50] É importante destacar o local privilegiado atribuído pelo próprio Adorno à *Dialética do Esclarecimento* no conjunto de sua obra. Para ele, seus grandes escritos posteriores deveriam ser vistos como desdobramentos desse livro. Contudo, só a partir da edição de 1969, pela Fischer Verlag, a *Dialektik* atingiu público mais amplo e se tornou, cada vez mais, um marco da filosofia do século 20.

[51] Cf. "Studies in the Authoritarian Personality", em: *GS*, Band 9.1, p. 142-509.

[52] Adorno fez uma importante revisão crítica dos aspectos positivos e negativos desse projeto no texto "Experiências Científicas nos Estados Unidos", p. 161-71.

Para Filme, obra escrita com Hanns Eisler e publicada em 1947), *Filosofia da Nova Música* (1949) e *Minima Moralia* (1951).[53] Essa última obra é, sem dúvida, uma das mais brilhantes de Adorno. Constitui-se de uma série de aforismos e compõe um painel abrangente e profundo das principais preocupações intelectuais do autor, sendo, portanto, um marco em sua produção. Nas *Minima Moralia*, lemos a famosa frase: "O todo é o não-verdadeiro".[54]

FILOSOFIA DA NOVA MÚSICA

Filosofia da Nova Música se compõe de duas partes, uma dedicada a "Schönberg e o Progresso" e outra a "Stravinsky e a Restauração". Esses títulos não devem iludir o leitor no sentido de uma polaridade estanque, progresso *versus* restauração. Em ambos os casos, a alienação está presente tanto numa obra como na outra.

Assim como Benjamin viu na poesia de Baudelaire uma resposta autêntica aos choques da vida moderna, na medida em que o poeta incorporara o próprio choque como princípio de seu trabalho poé-

---

[53] *Filosofia da Nova Música* (trad. M. França; São Paulo: Perspectiva, 1974). A tradução das *Minima Moralia* já foi citada. *Komposition für den Film*, ainda não traduzida para o português, foi publicada originariamente sem o nome de Adorno, que – na condição de intelectual emigrado de esquerda – temia as perseguições anticomunistas nos EUA.

[54] Por ocasião do cinqüentenário do livro, lançou um fac-símile da primeira edição (*Minima Moralia: Reflexionen aus dem beschaedigten Leben*; Frankfurt a.M.: Suhrkamp, 2001), uma mostra do prestígio de seu autor, que só tem aumentado nos últimos anos, com a publicação de suas obras completas e de novos estudos sobre elas, não apenas na Alemanha.

tico,[55] Adorno vê em Schönberg a realização da "mudança de função da expressão musical. As paixões não são fingidas, mas sim registradas por meio da música, sem dissimulação, movimentos do inconsciente, choques, traumas".[56]

Já a insistência da parte de Stravinsky no tonalismo tinha como único caminho o retrocesso e a entrega à indústria cultural. Embora o russo sem dúvida mereça lugar entre os grandes compositores do século 20, Adorno reconhece em sua obra traços de infantilismo e "sadomasoquismo" (com sua característica identificação com o opressor).[57]

"O QUE É ALEMÃO?"

Na virada de 1949 para 1950, Adorno voltou para a Alemanha. A princípio, foi indicado "professor extraordinário" de filosofia e de sociologia da música na Universidade de Frankfurt. Sete anos depois, tornou-se professor titular na mesma instituição. O Instituto foi refundado em Frankfurt em 1950; na direção, passou a contar com Adorno ao lado de Horkheimer. Em 1952, Adorno ainda retornou à Califórnia para coordenar uma pesquisas na Hacker Foundation, em Beverly Hills, na área de estudos sobre psicologia social da cultura de massas.

---

[55] Cf. Benjamin, "Sobre Alguns Temas em Baudelaire". Em: *Obras Escolhidas III*. Trad. H.A. Baptista. São Paulo: Brasiliense, 1989; p. 103-49.

[56] *Philosophie der neuen Musik*. Frankfurt a.M.: Suhrkamp, 1978; p. 44.

[57] Com relação aos escritos musicais de Adorno, ver os ensaios de Rodrigo Duarte reunidos no volume de sua autoria *Adornos: Nove Ensaios Sobre o Filósofo Frankfurtiano* (Belo Horizonte: Editora da UFMG, 1997).

Dessa estada, nasceu o trabalho *The Stars Down to Earth*.[58]

A volta de Adorno à Alemanha não deve ser considerada um fato óbvio, de fácil compreensão. Nos EUA, ficaram muitos dos principais pesquisadores do Instituto, como Herbert Marcuse, Leo Löwenthal, Erich Fromm, Paul Tillich e Karl August Wittfogel, ao lado de intelectuais como Hannah Arendt. Outros membros haviam sido assassinados pelos nazistas: Walter Benjamin de modo indireto (suicidando-se em Port-Bou, na fronteira franco-espanhola, em 1940, ao saber que seria provavelmente entregue à Gestapo), Karl Landauer (vítima de inanição no campo de concentração de Bergen-Belsen) e Andries Sternheim (assassinado em Auschwitz). Os três haviam tentado emigrar para os EUA, sem sucesso. Para um intelectual alemão de esquerda de origem judaica, "ignominiosamente desterrado",[59] não era fácil tomar a decisão de voltar em 1949 para a Alemanha. Mesmo se a vida de professor universitário exilado significasse uma ruptura e uma desterritorialização extremamente difíceis de suportar.[60]

Num interessante texto publicado em 1969 no volume *Stichworte*, "Sobre a Pergunta: O Que É Alemão?", Adorno ensaiou algumas explicações para essa volta. Antes de mais nada, negou a existência de um sujeito coletivo que teria sido responsável pelo que

---

[58] "The Stars Down to Earth: the *Los Angeles Times* Astrology Column – a Study in Secondary Superstition", em: *GS*, Band 9.2, p. 7-120.

[59] *Palavras e Sinais*, p. 129.

[60] Sobre a situação de intelectual exilado, Adorno anotou de modo metafórico: "Para quem não tem mais pátria, é bem possível que o escrever se torne sua morada. Aí ele também produz inevitavelmente, como outrora a família, detritos e refugos. Mas ele não tem mais um quarto de depósito, e em geral não é fácil separar-se do traste" (*Minima Moralia*, p. 75).

ocorrera na Alemanha entre 1933 e 1945. A própria noção de sujeito coletivo é apanágio do nacional-socialismo e não serve como categoria séria de explicação histórica. Em segundo lugar, considerava que a autêntica tradição alemã não era a que desembocou no nazismo, mas sim a que surgira do Esclarecimento, a de Kant. Apesar de perceber a possibilidade de se traçarem aspectos proto-autoritários na cultura alemã ("nem Hitler pode ser considerado como destino do caráter nacional alemão, nem foi por acaso que ele se impôs na Alemanha"),[61] ele recorda também a tradição dos banidos e desterrados de voltarem à pátria. Ademais, coloca-se do ponto de vista iluminista na luta contra o esquecimento e a repetição do horror. Merece igualmente destaque na "confissão" de Adorno sua afirmação de que – mesmo considerando injusta a "altivez alemã contra a América" – havia uma espécie de incompatibilidade entre sua forma de trabalho e os EUA. Na Alemanha, ele acredita que ainda existe (ou existia) mais espaço para a autonomia do pensamento não-cooptado pelo mercado.

O ponto mais delicado da justificativa de Adorno para a volta é seu largo elogio ao idioma alemão como linguagem filosófica – que lembra as querelas setecentistas entre as nações e as línguas, com Leibniz, Klopstock, Herder, Batteux e Rousseau entre os altercadores: "a língua alemã possui, evidentemente, uma peculiar afinidade eletiva com a filosofia e nomeadamente com o momento especulativo". O idioma alemão teria um traço especificamente intraduzível, uma vez que nele não ocorre a mera significação... – como se isso ocorresse nos demais

---

[61] "Sobre a Pergunta: O Que É Alemão?", p. 129.

idiomas.[62] Já que para a filosofia de Adorno "a exposição é essencial", ela se torna, segundo esse raciocínio, dependente do idioma alemão.[63]

RECONHECIMENTO

Nos anos 60, Adorno se tornou uma das figuras mais importantes do mundo intelectual alemão. Entre 1963 e 1968, presidiu a Sociedade Alemã de Sociologia. Suas obras publicadas na Alemanha nos anos 1950 e 1960 coligindo seus ensaios, como *Prismas: Crítica Cultural e Sociedade* (1955), *Eingriffe* (*Intervenções*, 1963) e *Stichworte* (*Palavras e Sinais*, 1969), tiveram ampla repercussão. Além desses volumes, Adorno iniciou a publicação de seus numerosos ensaios sobre música[64] e sobre litera-

---

[62] Para evitar cair numa imperdoável armadilha etnocêntrica, Adorno faz uma ressalva, mas logo volta a seu mote: "Não me atrevo a precisar se esse estado de coisas é específico para a língua alemã [...]. Não obstante, a impossibilidade de transpor a outro idioma sem violência, não digo especulações sublimes, mas conceitos simples e precisos como os de *Geist*, *Moment*, *Erfahrung*, com todas as ressonâncias que eles têm em alemão, fala em favor de uma propriedade objetiva específica da língua alemã" (ibid., p. 134s).

[63] Não só Heidegger, portanto, foi defensor da singular adequação do alemão à filosofia. Hannah Arendt, numa conhecida entrevista dada a Günter Gaus nos anos 60, afirmou que apenas a língua alemã lhe restara da Alemanha pré-hitlerista. Ver H. Arendt, *A Dignidade da Política* (trad. H. Martins et al.; Rio de Janeiro: Relume Dumará, 2002, p. 134). Contra essa posição de centralidade da língua materna, cf. Jorge Semprun, *Mal et Modernité* (Paris: Climats, 1995, p. 75), em que se critica a afirmação de Thomas Mann segundo a qual sua pátria era a língua alemã; e Jacques Derrida, *Le Monolinguisme de l'Autre*, (Paris: Galilée, 1996), que ataca, entre outras posturas, a de Hannah Arendt.

[64] Cf., entre outras obras: *Dissonâncias: Música no Mundo Administrado* (1956), *Mahler: uma Fisionomia Musical* (1960), *Introdução à Sociologia da Música* (1962), *Quasi una Fantasia. Escritos Musicais* (1963), *Moments Musicaux* (1964) e *Berg: o Mestre da Menor Transição* (1968).

tura (lembremos seus *Noten zur Literatur* [*Notas de Literatura*] I, 1958, II, 1961, e III, 1965). Em 1966, foi lançado o que se pode considerar seu ensaio filosófico mais ambicioso, que desdobrou em muitos aspectos as principais idéias de Adorno no campo tanto da crítica do conhecimento como da ética: o volume *Negative Dialektik* (*Dialética Negativa*). Pouco após sua morte, saiu o volume *Ästhetische Theorie* (*Teoria Estética*, 1970), organizado por Gretel Adorno e Rolf Tiedemann, principal responsável pela publicação das obras reunidas de Adorno na editora Suhrkamp, projeto até hoje não concluído.

Martin Jay narra, com detalhes dignos de nota, a mudança de rumo das pesquisas e da posição política do Instituto após sua refundação, em 1950. Ainda que Adorno tenha sido menos afetado por esse movimento, não deixa de ser importante o fato de ele ter sido atacado, nas jornadas de 68, pelos estudantes que, em pleno clima revolucionário, se alimentavam intelectualmente das publicações do Instituto dos anos 30 (as quais, embora fora de catálogo, passavam de mão em mão por meio de edições piratas). Marcuse foi um dos poucos membros do Instituto que subiram nos palanques ao lado dos estudantes e alimentaram diretamente a contracultura antiautoritária. Adorno teve conflitos com os estudantes e não proibiu a entrada da polícia para desalojar os que ocuparam as instalações do Instituto em maio de 1969.

No mês anterior, durante uma conferência em Frankfurt, sofrera um "ataque" da parte de três estudantes que, sem camisa, o acariciaram eroticamente e jogaram flores sobre ele. Furioso, Adorno abandonou a sala. Em 6 de agosto do mesmo ano, morreu de infarto durante férias na Suíça. Pouco antes de ter saído de Frankfurt, ainda depusera num processo contra um aluno seu acusado de quebra da ordem pública.

4. A TAREFA DA CRÍTICA: AS FRONTEIRAS MÓVEIS ENTRE A RAZÃO E O MITO

A *Dialética do Esclarecimento*, escrita a quatro mãos enquanto ocorria na Europa o assassinato dos judeus, dos ciganos, dos homossexuais e dos opositores do regime nazista, representa um dos maiores testemunhos históricos e filosóficos do século 20. Se para Adorno e Horkheimer a filosofia não poderia existir independentemente da tarefa de crítica da falsa totalidade, mais do que nunca esse elemento do pensamento se tornou premente diante das atrocidades ocorridas na Segunda Grande Guerra. A presença gritante da catástrofe, concretizada no momento da escrita, fez com que esta se tornasse uma espécie de grito congelado de horror.

Não por acaso, o medo e o grito diante das forças arcaicas, míticas e pré-míticas, são temas tão presentes nesse livro. À dor e extermínio de milhões de pessoas, corresponde também uma necessidade extrema de colocar no centro da atividade intelectual de caráter materialista e dialético a rememoração dos mortos e da catástrofe. O novo imperativo da filosofia é o lema "Não esquecerei". Para se manter fiel a seu ideal "crítico", a teoria deve ser não apenas crítica e desencantamento da ideologia; a luta – iluminista – pela emancipação, pela autonomia, pela liberdade, três questões centrais para o iluminismo, de Kant[65] à teoria crítica de Adorno e Horkheimer, passa também pela preservação da memória da catástrofe.

A obra nasce das entranhas de seu presente. Conforme os autores notaram no primeiro prefácio, de 1944,[66] "o que nos propusemos era, de fato, nada menos do que descobrir por que a humanidade, em vez de entrar em estado verdadeiramente humano, está se afundando numa nova espécie de barbárie".[67] A filosofia desenvolvida no livro corresponde plenamente à exigência que Benjamin esboçara em seu último texto, de 1940, "Sobre o Conceito de História":[68] "A tradição dos oprimidos nos ensina que o 'Estado de Exceção'[69] em que vivemos é na verdade a regra geral. Precisamos construir um conceito de história que

---

[65] Cf. sobretudo o conhecido "panfleto" iluminista de Kant, "Resposta à Pergunta: Que é Esclarecimento" (em: Kant, *Textos Seletos*; trad. F. S. Fernandes; 2. ed.; Petrópolis: Vozes, 1985; p. 100-17). Ali, Kant faz um elogio do *sapere aude*, o "ousar saber".

[66] Após ter circulado por um pequeno grupo de amigos em 1944, sob o título *Fragmentos Filosóficos*, a obra só foi efetivamente publicada em 1947, pela Querido Verlag, de Amsterdã.

[67] *Dialética do Esclarecimento: Fragmentos Filosóficos*. Trad. Guido Almeida. Rio de Janeiro: Zahar, 1985; p. 11. Volume doravante referido pelas iniciais *DE*.

[68] Esse texto, que funciona como uma espécie de "testamento filosófico", chegara às mãos de Adorno nos EUA e recebeu do Instituto uma publicação especial em 1942, num volume coletivo em homenagem a Benjamin.

[69] *Ausnahmezustand*, no original ("Über den Begriff der Geschichte", em: W. Benjamin, *Gesammelte Schriften*, Band I, p. 697). Esse conceito remonta ao teórico conservador Carl Schmitt e já fora explorado por Benjamin em seu livro sobre o drama barroco alemão. Cf. id., ibid., Band I, p. 246; e W. Benjamin, *Origem do Drama Barroco Alemão* (trad. Sergio Paulo Rouanet; São Paulo: Brasiliense, 1984, p. 89).

corresponda a essa verdade. [...] O assombro com o fato de que os episódios que vivemos no século 20 'ainda' sejam possíveis *não* é um assombro filosófico. Ele não gera nenhum conhecimento, a não ser o conhecimento de que a concepção de história da qual emana semelhante assombro é insustentável".[70]

REPENSAR A LINGUAGEM APÓS A BARBÁRIE: O CONCEITO DE ESCLARECIMENTO

Adorno e Horkheimer, diferentemente de Benjamin, escreviam a uma distância "segura" dos eventos que se desenrolavam na Europa e no resto do mundo em guerra e estavam conscientes de um nível de barbárie tão inaudito – a *Shoah* ("catástrofe", ou "Holocausto") – que sua possibilidade Benjamin não tivera evidentemente como vislumbrar em 1940. O desafio que se colocava era reconstruir o pensamento após o dilúvio fascista.

Antes de mais nada, a própria *linguagem* – o *logos* – parecia contaminada e condenada pela culpa. Não apenas a linguagem cotidiana parecia uma insuportável reafirmação do efetivo, mas também tudo levava a crer que não existia mais espaço algum para articular um discurso crítico de oposição. Ante a "autodestruição do esclarecimento" – ou seja, a destruição autogerada daquele processo que deveria ser de emancipação e cujas origens remotas Adorno e Horkheimer percebem

---

[70] Benjamin, *Obras Escolhidas*, v. 1, p. 226 (trad. modificada).

já na Grécia arcaica –, cabe ao pensamento crítico a tarefa contraditória de *autocrítica radical do esclarecimento e do seu meio privilegiado: a Razão.*

Os dois autores propõem-se então fazer uma releitura crítica das ruínas da história do Ocidente: uma espécie de arqueologia do Mal, com base no presente do qual eles partiram, ou seja, na realidade dos Estados totalitários e da Segunda Guerra Mundial. Se nossa fala – e devemos lembrar que eles escreviam em alemão, a língua de Goethe e de... Hitler – ficou também fragmentada por essa passagem pelo fundo mais obscuro da barbárie, caberia ao pensamento emancipador não abrir mão de seu ímpeto e enfrentar, mesmo na fala entrecortada e fragmentada, a tarefa de lançar *luz* sobre a complementaridade que existe entre progresso e regressão, entre iluminismo e mito: "o mito já é esclarecimento, e o esclarecimento acaba por reverter à mitologia".[71]

O livro consiste em um capítulo introdutório sobre o "Conceito de Esclarecimento"; dois excursos – o primeiro sobre "Ulisses, ou Mito e Esclarecimento", e o segundo, chamado "Juliette, ou Esclarecimento e Moral", sobre Sade e Nietzsche –, que iluminam o primeiro capítulo com exemplos e aprofundam outras questões; um capítulo sobre a "Indústria Cultural"; outro sobre os "Elementos do Anti-Semitismo"; e, por fim, uma série de fragmentos aforísticos, de autoria de Horkheimer. Embora se conheça a autoria de todos os capítulos, é evidente a unidade de conteúdo da obra, que, ademais, reflete a integração e harmonia quase total dessa paradigmática amizade intelectual entre Adorno e Horkheimer.

---

[71] *DE*, p. 15

A abertura de "O Conceito de Esclarecimento" já indica de modo claro o espírito da obra:

> No sentido mais amplo do progresso do pensamento, o esclarecimento tem perseguido sempre o objetivo de livrar os homens do medo e de investi-los na posição de senhores. Mas a terra totalmente esclarecida resplandece sob o signo de uma calamidade triunfal. O programa do esclarecimento era o desencantamento do mundo. Sua meta era dissolver os mitos e substituir a imaginação pelo saber. [...] O entendimento que vence a superstição deve imperar sobre a natureza desencantada. [...] A técnica é a essência desse saber. [...] Não deve haver nenhum mistério [...]. O esclarecimento é totalitário [*Aufklärung ist totalitär*].[72]

Os autores desvendam esse impulso totalitário do esclarecimento – que, portanto, está longe de ser "racional" e é dominado pela "loucura" da " dominação total" – no próprio mito: também este queria dominar, fixar em narrativas e imagens, controlar por meio da explicação. Aos poucos, as figuras míticas, nascidas de uma identificação com as forças a dominar, tornam-se conceitos autônomos, abstratos, e entram na linguagem instrumental, alavanca privilegiada da dominação esclarecida. Nesse processo, a natureza é vista como mero objeto pas-

---

[72] Ibid., p. 19-22. É interessante notar que, nessa passagem, fundem-se conceitos da psicologia e da estética (como o de "medo") com temas políticos ("senhores"), de filosofia da história ("calamidade triunfal") e tipicamente sociológicos (o "desencantamento" de Max Weber, que via no processo histórico do Ocidente uma contínua racionalização do mundo).

sível de conquistar, explicar e dominar. A clivagem sujeito-objeto é hierarquizada: cabe ao sujeito o papel dominador ativo.

Diferentemente do que ainda ocorria no "estágio mágico", não existe mais identificação com a natureza através dos nomes, mas apenas a construção de conceitos (em alemão, "conceitos" é *Begriffe*, e o verbo derivado, *begreiffen*, significa, sintomaticamente, "agarrar", "pegar com as garras"). Essa fúria dominadora existente tanto no mito quanto no esclarecimento é uma resposta à sensação de medo (*Furcht*) e terror que Adorno e Horkheimer localizam na "origem" da humanidade: "O grito de terror com que é vivido o insólito torna-se seu nome. Ele fixa a transcendência do desconhecido em face do conhecido e, assim, o horror como sacralidade. A duplicação da natureza como aparência e essência, ação e força, que torna possível tanto o mito quanto a ciência, provém do medo do homem, cuja expressão se converte na explicação".[73]

Tanto o mito quanto a ciência nascem do medo, são como que um grito de terror congelado: "O esclarecimento é a radicalização da angústia mítica". Se depois podemos tentar reduzir o alcance dessa leitura da história da humanidade, revelando sua ancoragem no presente, também é possível reverter o argumento, chegando a seu oposto: *a vivência de um dos fatos mais extremos gerados na história permitiu um olhar penetrante, que atingiu suas origens.*

No mito como no esclarecimento, estabelece-se um tabu segundo o qual "nada mais pode ficar

[73] *DE*, p. 29.

de fora".[74] Na tentativa angustiada de reduzir tudo ao conhecido, o mundo se torna, miticamente, uma eterna repetição do sempre igual. Para o esclarecimento, importa apenas a *autoconservação*: em seu nome, tudo é justificado. A técnica, a dominação da natureza, o domínio total da civilização. A natureza não-dominada é a imagem que faz com que o homem corra para a "salvação" que o esclarecimento lhe promete. A natureza pura, a vida animal e vegetativa (*zoe*, na terminologia grega), é seu pavor. A dominação da natureza interna e externa torna-se "o fim absoluto da vida". Por esse foco, a história da humanidade é recontada como uma história terrífica.

MITO COMO ESCLARECIMENTO

A íntima relação entre mito, dominação e trabalho é ilustrada com uma passagem da *Odisséia*, de Homero (século 9 a.C.). No canto 12 daquela epopéia, Ulisses pede a seus marinheiros que o amarrem ao mastro, ao mesmo tempo que ordena que tampem os próprios ouvidos com cera. Apenas Ulisses poderia ouvir a melodia das sereias. Mas queria fazê-lo sem correr risco algum. Enquanto os subordinados trabalham sem di-

---

[74] Ibid. É interessante notar que, no século 20, a psicanálise não apenas tenta dar continuidade a esse movimento de desencantamento do mundo, mas também, de modo crítico, percebe que a própria estrutura do inconsciente tem a forma daquilo que escapa à vigília: o não-familiar (*das Unheimlich*) é o que o define. Se existe uma estrutura, um sistema que inclui o inconsciente, ele nunca pode ser totalmente esclarecido. Cf. Freud, "O 'Estranho'", em: *Obras Completas* (Rio de Janeiro: Imago, s.d.; v. XVII, p. 273-318).

reito ao divertimento, Ulisses, o senhor de terras, escuta, impotente, o canto perigoso das sereias, que agora foi domado, em seu perigo mortal, com a astúcia esclarecida de Ulisses (cujo codinome no poema é *polymetis*: o de muitas astúcias). Nessa imagem, a arte – que revela quem realmente somos – está apaziguada (e reduzida em sua função a objeto de contemplação), tanto quanto os trabalhadores estão dominados e reproduzem seu papel social; mas o próprio Ulisses também está amarrado e paga assim o preço da conquista de seu "eu" dominador. Aqui, encontra-se já a equação que caracteriza o esclarecimento: o progresso no domínio da natureza é desde sempre auto-repressão, regressão.

A narrativa mítica, na qual se fundia o mundo e a linguagem, posteriormente é cindida: a palavra como signo abstrato passou ao campo da ciência, enquanto coube às artes uma linguagem densa, mas desprovida de sentido. Na linguagem da ciência – sobretudo em seu momento positivista, espécie de concretização radical de seus desígnios –, não existe lugar para os prazeres dos sentidos. Adorno e Horkheimer ainda compartilham do primeiro sonho romântico (de autores como Novalis, Friedrich Schlegel e Schelling), de uma ciência que teria as artes como modelo.

Nesse capítulo, os autores introduzem também a questão do *ocaso do indivíduo*, com sua transformação em membro anônimo das massas e o empobrecimento da experiência. A sociedade total, em que os indivíduos, como os remadores de Ulisses e os trabalhadores de modo geral, são submetidos a um mesmo compasso, gera apenas conformismo e impede o surgimento de indivíduos autônomos. Os trabalhadores são ainda reduzidos a "resto supérfluo", na medida em que podem ser descartados a qualquer momento.[75]

PRIMAZIA DO OBJETO: SALVAR O NÃO-IDÊNTICO

Em *Dialética Negativa*, de 1966, Adorno levará às últimas conseqüências seu projeto de salvação do singular, do "não-idêntico", implicado em sua concepção de "primazia do objeto".[76] Mais do que nunca, revela-se aqui o compromisso entre crítica do conhecimento e crítica da sociedade. Novamente, Adorno aplica seu método de pensar os fundamentos históricos e sociais que estavam na base dos teoremas filosóficos do passado. A tendência para a identidade, que é marca do homem e de nosso saber, é analisada em seu momento de abandono do singular. Adorno volta-se para o "resto" que não penetra no conceito, por ele denominado "não-idêntico".

Não que com esse gesto ele estivesse descartando o trabalho do conceito. O que pretendia era uma visada

---

[75] Sobre essa concepção dos trabalhadores como "resto" e sua relação com o conceito de natureza pura, vegetativa e animal (*zoe*), ver os dois ensaios de Giorgio Agamben: *Homo Sacer: o Poder Soberano e a Vida Nua* (trad. H. Burigo; Belo Horizonte: Ed. da UFMG, 2002); e *Quel Che Resta di Auschwitz: l'Archivio e il Testimone* (Torino: Bollati Boringhieri, 1998).

[76] Veja-se, por exemplo, a famosa formulação: "Entregar-se ao objeto implica fazer justiça aos seus momentos qualitativos. A objetivação científica tende, ao lado da tendência quantificante de toda ciência desde Descartes, a apagar as qualidades e transformá-las em determinações mesuráveis" (*ND*, p. 53; cf. ibid., p. 186 s.). Quanto a essa questão, cf. "Sobre o Programa da Filosofia Vindoura" (1917-8), de W. Benjamin.

crítica sobre tal trabalho – separando o mundo das aparências do mundo das essências –, que permitisse levar em conta e salvar aquilo que é esquecido pelo conceito e pela história. O não-idêntico não pode ser atingido de modo imediato, como se fosse algo positivo, pronto para deixar-se "pegar" pelo conceito. Na formulação de Gerhard Schweppenhäuser, o não-idêntico é "o resultado conceitual-negativo da negação determinante do conceito de identidade".[77]

Todo ser inclui sua negação, seu momento de diferença específica; é esse momento que Adorno quer resguardar, impedindo que seja abandonado. Revertendo uma conhecida máxima de Ludwig Wittgenstein (1889-1951), Adorno formulou: "A filosofia, se é que pode ser definida, o será como esforço para dizer aquilo que não pode ser articulado; auxiliar na expressão do não-idêntico, enquanto a expressão de qualquer modo sempre o identifica".[78]

A dialética negativa é a manifestação extrema da solidariedade com o não-idêntico. O conceito existe apenas enquanto coisificação, ou seja, separação violenta, da totalidade que não pode ser reduzida a conceitos. "O teor filosófico só pode ser abarcado

---

[77] Schweppenhäuser, p. 64.

[78] *GS*, Band 5, p. 336; cf. também *ND*, p. 21. Gottfried Gabriel, analisando a "passagem" para o estilo – para ele, o elemento "literário" – de alguns filósofos, chegou, entre outras conclusões, a esta, muito interessante: "Kierkegaard queria dizer algo diferente do que ele dizia, Adorno queria dizer mais do que ele dizia, e Wittgenstein queria dizer o que ele não dizia" ("Literarische Form und nicht-propositionale Erkenntnis in der Philosophie", em: C. Gabriel e C. Schildknecht [Hg.], *Literarische Formen der Philosophie*; Stuttgart: Metzler; 1990; p. 11). Em Adorno, de fato, a filosofia é caracterizada por seu estilo próprio, que para ele, como vimos, deve se deixar *marcar* por seu objeto. Só desse modo o não-idêntico pode ser apresentado. Com relação à famosa frase de Wittgenstein no *Tractatus*, "sobre o que não podemos falar, sobre isso devemos nos calar", cf. M. Frank, *Stil in der Philosophie* (Stuttgart: Reclam, 1992; p. 88).

quando a filosofia não o impõe. Deve-se abandonar a ilusão segundo a qual ela poderia conjurar a essência na finitude de suas determinações."[79] Em vez de se guiar por um falso conceito de totalidade, a filosofia, como interpretação, deve possibilitar a revelação do elemento de verdade enclausurado no particular, sem reduzi-lo à identidade do conceito, mas sem tampouco abrir mão deste. A filosofia se aproxima da arte, mas sem se confundir com ela, na medida em que aspira a essa proximidade com seu objeto. Seu elemento é o conceito:

> O conceito filosófico não abandona a nostalgia que anima a arte, enquanto o não-conceitual, e cuja realização faz com que sua imediaticidade escape como aparência. Enquanto órgão do pensamento e, ao mesmo tempo, muro entre este e o que é pensado, o conceito nega aquela nostalgia. A filosofia não pode nem contornar nem se curvar a essa negação. Ela encerra em si o esforço de ir além do conceito através do conceito.[80]

Nesse esforço, o filósofo deve reconhecer que o trabalho da filosofia é eminentemente "lingual", *sprachlich*.[81] Ao contrário do que a aliança da ciência com a filosofia exige, ou seja, a eliminação da linguagem como questão (o que levaria à morte da filosofia), Adorno traz a questão da linguagem para o centro da reflexão filosófica. O trabalho dos conceitos é um

---

[79] *ND*, p. 24.

[80] Ibid., p. 27. Cf. também a formulação paralela: "Apenas conceitos podem realizar o que o conceito impede" (ibid., p. 62).

[81] Ibid., p. 65.

trabalho com e mediante a linguagem. Coisa e expressão, afirma Adorno, devem ser aproximadas ao máximo na dialética. A retórica não é um campo alheio ao da filosofia; antes, deve ser incorporada criticamente nesta. Assim, o conteúdo passa a ser visto como algo aberto, não fechado, como ocorre no mito. Esse conteúdo, tão próximo, é simultaneamente utópico, encontra-se na distância, enquanto algo não-conhecido: "A proximidade encontra-se apenas na mais extrema distância".[82]

A dialética negativa quer fazer também justiça ao fato de que, do mesmo modo que os conceitos universais tendem a apagar o qualitativo e singular, todo saber encerra em si a coação para a identidade e a opressão contra a qual ele luta. Ele reproduz o modelo de opressão, baseado na alienação sujeito-mundo, na divisão entre trabalho intelectual e trabalho manual.[83] Donde essa filosofia ter como horizonte uma reconciliação: "a esperança na reconciliação está associada ao pensamento irreconciliável, porque a resistência do pensamento contra o que simplesmente existe, a imperiosa liberdade do sujeito, também visa no objeto aquilo que se perdeu em sua transformação em objeto".[84]

A violência que o sujeito impõe ao objeto retorna contra ele na forma da ideologia e do sofrimento. Esse sofrimento é objetivo, pois nasce das condições reais de sua vida. "A necessidade de permitir a formulação

---

[82] Ibid., p. 66.

[83] "O princípio de troca, a redução do trabalho humano ao conceito universal de tempo médio de trabalho, está originariamente aparentado com o princípio de identificação" (ibid., p. 149). No mesmo passo, Adorno esclarece que, para ele, "a identidade é a forma originária da ideologia".

[84] Ibid., p. 31.

da dor é uma condição de toda verdade. Pois dor é objetividade que pesa sobre o sujeito; aquilo que ele experimenta como o mais subjetivo, sua expressão, é mediatizado objetivamente."[85] Contra a frase de Brecht, que afirmou que o partido tem mil olhos e estaria, portanto, acima do indivíduo (com seus dois), Adorno faz uma defesa radical do singular, diante da opressão da totalidade ideológica: "A fantasia exata de um dissidente pode ver melhor do que mil olhos tapados pelos óculos cor-de-rosa da unidade, que confundem e reduzem o que vêem com a universalidade do verdadeiro".[86]

[85] Ibid., p. 29.

[86] Ibid., p. 56. .

5. A INDÚSTRIA CULTURAL

Na *Dialética do Esclarecimento*, o capítulo sobre "A Indústria Cultural" tem um subtítulo digno de nota: "O Esclarecimento Como Mistificação das Massas" ("Aufklärung als Massenbetrug"). Ou seja, a indústria cultural é analisada pelos autores – e, sabidamente, Adorno foi o principal responsável por esse capítulo – como parte integrante das "astúcias" do esclarecimento.

O termo "indústria cultural" foi escolhido a dedo pelos autores, que nos primeiros esboços haviam empregado a expressão "cultura de massa". Eles a descartaram para não gerar a impressão de que os fenômenos culturais teriam surgido diretamente das massas. Para Adorno e Horkheimer, pelo contrário, "a indústria cultural é a integração deliberada, a partir do alto, de seus consumidores".[87] O significado dessa uniformização do todo permite compreender a relação entre o esclarecimento e a modernidade: "a unidade evidente do macrocosmo e do microcosmo demonstra para os homens o modelo de sua cultura: a falsa identidade do universal e do particular".[88]

A indústria cultural é, portanto, o órgão de concretização da pressão pela identidade que já se realizava no mito, na forma do eterno sempre igual. A indústria cultural é reprodutora da pseudo-individuação dos integrantes da massa. Para eles, "algo está previsto; para que ninguém escape, as distinções são acentuadas e difundidas".[89] Todos têm direito a uma etiqueta – como é característico da razão subjetiva, instrumental, ou da consciência coisificada. Contra a leitura positiva – e até certo ponto entusiasta – que Benjamin fizera em 1936 do cinema, os autores condenam essa arte como meio de estultificação, que não permite a participação intelectual dos espectadores. A obra de arte reproduzida mecanicamente também "reproduz as pessoas tal como as modelou a indústria cultural em seu todo".[90]

Em toda arte, existe a tendência a apresentar uma reconciliação entre o indivíduo e o mundo, o particular e o universal. O estilo encarna essa tendência, enquanto instituidor de unidade entre as obras. Adorno, porém, nota que a grande arte, do passado e das vanguardas,

---

[87] "A Indústria Cultural", p. 92. Esse texto originou-se de uma conferência radiofônica de 1962 e foi publicado no volume *Ohne Leitbild: Parva Aesthetica* (Frankfurt a.M.: Suhrkamp, 1967).

[88] *DE*, p. 113s.

[89] Ibid., p. 116.

[90] Ibid., p. 119. Nos anos 60, Adorno reveria essa condenação do cinema, diante das obras de Alexander Kluge e Volker Schlondorf. Apesar de tal reconhecimento tardio, é claro que os teoremas estéticos que Adorno desenvolvera para as demais artes e a literatura também podem, em grande parte, ser aplicados ao cinema. Isso vale, por exemplo, para o fim da arte como mero jogo de aparência, caminho que o cinema trilhou desde o neo-realismo italiano, passando pelas vanguardas dos anos 60 – Godard, Glauber Rocha, Pasolini e outros –, até um filme como *Shoah*, de Claude Lanzmann, e a obra de Chris Marker, de Julio Bressane e do grupo Dogma, entre muitos outros exemplos.

mantém relação de tensão com o estilo. Só pelo estilo pode-se apresentar o sofrimento histórico; mas apenas se distanciando dele, criando discrepâncias e dissonâncias, o indivíduo ainda pode se manifestar como ser autônomo que não se limita apenas à imitação.

O contrário ocorre na arte da indústria cultural, em que imperam a serialização e a imitação. Desse modo, a indústria cultural manifesta-se como fator de integração social. O imperativo da indústria cultural reza: "Deves sumeter-te" – mas, acrescenta Adorno, "sem indicar a quê".[91] Ela gera indivíduos submissos e conformados, impedindo o desenvolvimento de pessoas autônomas, capazes de refletir e criticar.

Como meio de adaptação das massas ao sistema dominante, a indústria cultural é, antes de mais nada, uma indústria da diversão. Ela realiza as necessidades produzidas pela própria máquina do sistema: torna os homens aptos a serem espoliados pelo trabalho. Desdobrando um teorema desenvolvido por Benjamin em seu artigo de 1936 sobre a obra de arte, Adorno escreveu: "Assim como o Pato Donald nos *cartoons*, assim também os desgraçados na vida real recebem sua sova para que os espectadores possam se acostumar com a que eles próprios recebem".[92] Ao invés de permitir a sublimação – a passagem da pulsão para o campo estético, o que permitiria uma satisfação mediatizada culturalmente –, a indústria cultural apenas reprime. Ela é moralista na mesma medida em que é pornográfica. Aquilo que ela nega – o prazer autêntico – é substituído pela indústria do erotismo. Do mesmo modo, a catarse, noção central da teoria aristotélica da

---

[91] "A Indústria Cultural", p. 97.

[92] *DE*, p. 130.

tragédia, é revelada pela indústria cultural em seu momento de "purificação das paixões", que contribui para o esquecimento e estultificação. Pois, se a arte "diverte", ela também o faz na medida em que apaga o sofrimento cobrado para o funcionamento da sociedade.

O próprio conceito clássico do trágico é apropriado pela indústria cultural e adequado aos fins desta. Ele tanto se torna um acessório na construção de um mundo "autêntico", como é reduzido à noção de destino, "à ameaça de destruição de quem não coopera" – e, originariamente, o trágico encarnava a resistência à ameaça mítica de desintegração do eu.

Citando o Nietzsche do *Crepúsculo dos Ídolos*, Adorno recorda que a oposição dos indivíduos à sociedade constituía seu verdadeiro cerne, mas hoje "o trágico dissolveu-se neste nada que é a falsa identidade da sociedade e do sujeito, cujo horror ainda se pode divisar fugidiamente na aparência nula do trágico. Mas o milagre da integração [...] significa o fascismo. [...] A liquidação do trágico confirma a eliminação do indivíduo".[93] A unidade da personalidade é desmascarada como mera aparência necessária e realização da pulsão para a identidade: a imitação do último gesto em moda. Assim, toda a cultura é analisada como mercadoria paradoxal, que em sua onipresença escapa à própria troca e se funde com a publicidade. Tudo vira "arte" – realização tragicômica do sonho vanguardista de fusão entre arte e vida –, mas também vira afirmação do presente, propaganda do efetivo.

A teoria crítica da indústria cultural não deve ser confundida com uma conservadora *Kulturkritik*, "crítica da cultura", que lamenta pura e simplesmente o

---

[93] Ibid., p. 144.

estado da cultura e defende, de modo inocente, uma comunidade mais próxima da natureza. Antes, ela visa a revelar o *caráter de mercadoria* da cultura contemporânea. "O novo", lemos em Adorno, "não é o caráter mercantil da obra de arte, mas o fato de que, hoje, ele se declara deliberadamente como tal, e é o fato de que a arte renega sua própria autonomia, incluindo-se orgulhosamente entre os bens de consumo, que lhe confere o encanto da novidade."[94]

Entretanto, essa autonomia nunca existiu de modo completo. A marca da arte burguesa era a *tendência* à autonomia, em meio a sua mercantilização. Apenas com a burguesia a arte pôde avançar no sentido de sua autonomização, e isso representou uma enorme revolução, não restrita ao âmbito estético. Mas a autonomia total da arte seria equivalente à reificação dela. No século 20, Adorno e Horkheimer vão desvelar o compromisso de uma nova indústria cultural com a destruição do indivíduo burguês. Agora, não existe mais tensão entre o pólo autônomo e o caráter de mercadoria da obra de arte, mas apenas o triunfo desse último aspecto. Mesmo a auto-ironia de um artista como Andy Warhol com relação ao elemento puramente comercial das artes não foi capaz de superar tal estado, tendo conseguido apenas revelar seu momento cínico. Por outro lado, as artes não são no século 20 totalmente colonizadas pela indústria cultural; elas permanecem, para Adorno, como "guardiãs da verdade" e da diferença.[95]

---

[94] Ibid., p. 147.

[95] Mesmo em Andy Warhol, a arte mantém seu momento de verdade: tanto por revelar o compromisso entre arte e comércio, como por explorar a linguagem contemporânea da publicidade e do jornal, trazendo-as para o campo estético e permitindo, aí, sim, uma reflexão crítica.

6. PENSAR DEPOIS DE AUSCHWITZ

A análise da indústria cultural levou, portanto, a uma exploração do seu compromisso com a construção de uma sociedade, se não totalitária, no sentido dos dois movimentos totalitários do século 20, ao menos tendencialmente totalitária, mesmo sob a carapuça da democracia. Adorno e Horkheimer desenvolveram essa análise da tendência à construção da sociedade total – sem "restos" e diferenças[96] – em seu estudo sobre os "Elementos do Anti-Semitismo", da *Dialética do Esclarecimento*.

[96] Ao utilizarmos aqui o termo "totalitarismo", não estamos encampando de modo direto esse conceito (que se tornou fundamental na segunda metade do século 20, sobretudo a partir da obra de Hannah Arendt) para descrever o regime nazifascista e o comunista. Utilizamos a noção, antes, em seu sentido literal, de projeto de construção de uma "sociedade total", do modo que a leitura das obras de Adorno e Horkheimer permite pensar, desdobrando a lógica (mitológica) do esclarecimento. Para uma crítica extremamente ponderada do conceito de totalitarismo, cf. a introdução à preciosa coletânea de Enzo Traverso (éd.), *Le Totalitarisme: le XXe Siècle en Débat* (Paris: Seuil, 2001).

Posteriormente, Adorno debruçou-se várias vezes sobre essa questão, sob o signo de uma complexa reflexão acerca das conseqüências históricas de Auschwitz. Um dos pontos recorrentes era como ser filósofo, como ser artista e poeta, após aquela barbárie, que surgiu no coração de uma Europa "esclarecida" e, portanto, saturada até a medula com "alta cultura". Pensar "após Auschwitz" significa – como ocorre após qualquer catástrofe traumática – pensar na clausura de Auschwitz. A "posteridade" desse acontecimento estanca o fluxo do tempo. Seu presente se expande e tende a se acomodar no "espaço". Não por acaso, esse topônimo, Auschwitz (nome do maior campo de extermínio nazista, implantado na cidade polonesa de Oswiecim), passou a representar uma espécie de "trauma" e "catástrofe" por excelência de uma era de catástrofes.

A crítica, assim como a psicanálise, visa a quebrar o quisto (ou a cripta) em que o trauma se enclausura – sem, no entanto, levar ao esquecimento do passado, mas liberando suas forças embotadas. Salvar o passado de opressão, ser fiel às utopias não-realizadas, recordar os mortos, eis três dos motes centrais da filosofia após Auschwitz, aos quais a obra de Adorno nos conduz.[97]

A QUESTÃO DO ANTI-SEMITISMO

Em "Elementos do Anti-Semitismo" – capítulo que foi escrito por Adorno e Horkheimer com auxílio de

---

[97] Benjamin, que viveu o século 20 até as últimas conseqüências, já defendia essa visão da história como fidelidade aos oprimidos e a seus projetos abortados.

Leo Löwenthal e acrescentado à edição de 1947 da *Dialética do Esclarecimento* –, acompanhamos uma "pré-história filosófica do anti-semitismo", em que a tendência à autodestruição é vista como parte da racionalidade. Aquilo que tendemos a caracterizar como "irracional" habita o âmago da "razão dominante".[98] A "vontade de destruição" gerada por uma falsa ordem social voltou-se contra uma população, eleita pelo "mal absoluto" como se encarnasse, ela mesma, o "mal absoluto". Desse modo, os nazistas expressaram sua própria essência naquilo que projetaram nos judeus.

Por outro lado, a tese liberal que nega as diferenças também é falsa, na medida em que prega uma unidade que não existe na humanidade. A ilusão do projeto assimilacionista, que levou a uma incorporação dos judeus na sociedade alemã, foi surpreendida pelo fato de que a ansiada harmonia social revelou-se uma "harmonia da comunidade étnica" que excluía o Outro. Esse processo apenas trouxe à tona um princípio intrínseco à ordem, que desfigura os homens na mesma medida em que é exterminador do que desvia de si. "O anti-semitismo é um esquema profundamente arraigado, um ritual da civilização, e os *pogroms* são os verdadeiros assassinatos rituais."[99] Em termos históricos, sociais e econômicos, os judeus foram associados aos banqueiros e intelectuais – ou seja, ao momento de circulação, ocultando-se assim a origem social das injustiças no sistema de produção. Daí se falar dos judeus como

---

[98] *DE*, p. 16.

[99] Ibid., p. 160.

[100] Ibid., p. 162.

"bodes expiatórios": "a injustiça econômica da classe inteira é descarregada neles".[100]

O anti-semitismo remonta a gestos originários da hominização. Se na sociedade moderna uma série de tabus se estabeleceu com relação a tudo o que foge ao contexto funcional dessa sociedade e se, por outro lado, tudo o que viola tais tabus é tratado com repugnância e ódio, é porque essas fronteiras remontam a um princípio mimético que constitui nossa identidade de modo estrutural. Nessa análise da proto-origem do anti-semitismo, lemos algumas das passagens mais profundas da "antropologia dialética" da Teoria Crítica.

Para Adorno e Horkheimer, a cena originária da hominização é, como vimos, nosso grito de pavor diante das forças desintegradoras da natureza. Nesse capítulo, eles levam esta idéia às últimas conseqüências, ao aproximá-la do teorema aristotélico que caracteriza o ser humano como ser mimético: "Quando o humano quer se tornar como a natureza, ele se enrijece contra ela. A proteção pelo susto é uma forma do mimetismo. Essas reações de contração no homem são esquemas arcaicos da autoconservação: a vida paga o tributo de sua sobrevivência assimilando-se ao que é morto".[101]

Como vimos, também é a autoconservação que se encontra no cerne do esclarecimento. Será tal fim que levará nossa razão a justificar todos os seus meios. Adorno e Horkheimer podem pensar esse processo ao modo de uma antropologia filosófica dialética porque foram coetâneos das conseqüências mais radicais do gesto de enrijecimento, de mímesis diante do pavor, que gera como resposta a própria encenação da

---

[101] Ibid., p. 168.

morte, a saber, o Holocausto.[102] Para eles, tornou-se evidente que "a sociedade é um prolongamento da natureza ameaçadora", que "repercute sobre a natureza enquanto dominação social da natureza".[103] Essa encenação da morte logo assumiu na história da humanidade o caráter do sacrifício: de troca substitutiva entre a "minha morte" e a do Outro. Os elementos miméticos da cultura são reprimidos pela sociedade "refinada" burguesa, que os repugna como fonte de vergonha.

Como na noção freudiana do *Unheimlich* ("sinistro", "estranho"; aquilo que é estranho por ser familiar demais), esses traços denunciam uma origem que se quer ocultar. A sociedade que pretende esconder sua origem no medo e na mímesis enreda-se cada vez mais numa mímesis patológica do que provoca o pavor. O corpo rígido da sociedade dominado pelo pavor diante de sua origem "natural" quer se preservar pela uniformização – e pela imitação de si mesma: "O sentido das fórmulas fascistas, da disciplina ritual, dos uniformes e de todo o aparato pretensamente irracional é possibilitar o comportamento mimético".[104] Tudo o que escapa à uniformização deve ser destruído. A rebelião da natureza reprimida leva a mais repressão. Os judeus são acusados de sacrifícios sanguinários: eles mesmos devem então ser sacrificados de modo sanguinário. O anti-semita identifica-se com aquilo que projeta no judeu: do envenenamento do povo à conspiração internacional para dominar o mundo. Trans-

---

[102] É evidente, por outro lado, que essa antropologia dialética deve muito a Freud em seu *Totem e Tabu*, de 1912-3, assim como às reflexões antropológico-estéticas de Walter Benjamin.

[103] *DE*, p. 169.

[104] Ibid., p. 172.

forma o mundo no inferno que ele antes projetou para justificar sua fúria.

O anti-semitismo baseia-se, portanto, na *falsa projeção*. Em vez da mímesis do mundo, passa-se a uma tentativa de reduzir o mundo ao que se projeta nele. Em vez de, pela imitação, tornar familiar o que é externo e estranho, o exterior deve seguir as regras do interior, e o que escapa a elas é considerado hostil. No fascismo, esse modelo paranóico se converte na política da ordem do dia.

Seu mecanismo "é tão antigo quanto a civilização": "os mais poderosos impérios sempre consideraram o vizinho mais fraco como uma ameaça insuportável, antes de cair sobre eles. [...] O distúrbio está na incapacidade de o sujeito discernir, no material projetado, entre o que provém dele e o que é alheio".[105] Se é verdade que nosso entendimento só pode organizar o mundo mediante uma interação entre sujeito e objeto em que o sujeito tem um valor ativo que ele, portanto, não deixa de projetar na construção do mundo, o que ocorre na visão de mundo totalitária é a negação desse processo: em sua projeção, reconhece a realidade "tal como ela é".

Por conseguinte, a mentalidade fascista adequa-se a essa concepção de conhecimento petrificada, que não admite a reflexão. Tal tipo de pensamento é cúmplice daquilo que Adorno e Horkheimer denominaram "pensamentos por *tickets*": como nas listas de votação americanas em que os candidatos aparecem em blocos separados, como na consciência coisificada

---

[105] Ibid., p. 174s. Cf., entre tantas e tantas outras, a guerra dos EUA contra o Iraque em 2003, na qual se acusava este de terrorismo, de possuir armas de destruição em massa etc., quando até agora isso não foi provado.

que reduz o individuo a gavetas preestabelecidas, assim também o fascista anti-semita pensa por *tickets* e só sabe optar em bloco. O anti-semitismo faz parte do *ticket* nazista. A experiência dos membros da massa nazista com os judeus não conta mais. Eles têm sua mentalidade moldada como os produtos em série do capitalismo tardio (dito monopolista).

Assim como nessa visão de conhecimento o particular é coberto pelo conceito como algo que lhe é externo, assim também na sociedade dominada pelo pensamento em bloco "tudo o que representa a diferença [*Unterschied*] tem que tremer. As etiquetas são coladas: ou se é amigo, ou se é inimigo. A falta de consideração pelo sujeito torna as coisas fáceis para a administração. Transferem-se grupos étnicos para outras latitudes, enviam-se indivíduos rotulados de judeus para as câmaras de gás".[106] Os adeptos da mentalidade do *ticket* são inimigos ferozes da diferença.

EDUCAÇÃO APÓS AUSCHWITZ

Numa conferência radiofônica de 1966, "Educação Após Auschwitz", Adorno retomou e desenvolveu algumas das idéias do capítulo da *Dialética do Esclarecimento* sobre os elementos do anti-semitismo. Enfocando a questão de "como educar as pessoas de tal modo que Auschwitz não torne a acontecer", ele parte, antes de mais nada, do pressuposto dessa possibilidade da volta da barbárie radical. As condições de sua possibilidade continuavam a exis-

---

[106] Ibid. p. 188.

tir. Pelo teorema freudiano segundo o qual civilização gera anticivilização – o que já estava na base do livro de 1944-7 –, Adorno afirma que Auschwitz não deve ser tratado como uma "aberração", um salto fora do curso da história. Ele recorda o genocídio de mais de 1 milhão de armênios na Turquia durante a Primeira Guerra Mundial, que o mundo assistiu sem se comover e praticamente esqueceu. O texto de Adorno é um chamado para que tais genocídios sejam colocados no centro de qualquer pedagogia seriamente engajada em educar as pessoas.

A bomba atômica só fez aumentar o potencial genocida do planeta. Insistindo no caráter social que condicionou a existência de Auschwitz, Adorno não deixa de enfatizar a necessidade de estudar os mecanismos que tornam os homens capazes de perpetrar um genocídio. Um deles já fora investigado em textos anteriores: a destruição do indivíduo. Numa sociedade com indivíduos autônomos, autocríticos, com vínculos sociais, reduz-se a possibilidade de ocorrer uma barbárie dessa ordem. A imposição da identificação com o coletivo – um dos principais meios da política nazista – também só ocorre com pessoas heterônomas, incapazes de julgar por si mesmas e submetidas à "consciência coisificada" (ou seja, que aceita incondicionalmente o que está dado).

Em "Crítica Cultural e Sociedade", um dos mais vigorosos ensaios de Adorno de crítica da transformação da realidade em mera reafirmação da ideologia (e vice-versa), a reificação do espírito é apontada como uma das responsáveis pela manutenção do estado de heteronomia dos indivíduos. Adorno concluiu esse trabalho de 1949 com uma passagem que se tornou central na reflexão da segunda metade do século 20 sobre a representação artística e poética "após Auschwitz":

> A crítica cultural defronta-se com o último degrau da dialética entre a cultura e a barbárie: escrever um poema depois de Auschwitz é um ato de barbárie, e isso também corrói o conhecimento que afirma por que hoje se tornou impossível escrever poemas. Enquanto o espírito crítico permanecer em si mesmo, em auto-suficiente contemplação, ele não será capaz de enfrentar a absoluta reificação que, entre os seus pressupostos, teve o progresso do espírito como um dos seus elementos e que hoje se prepara para sugá-lo completamente.[107]

Essa imagem do progresso a sugar o espírito lembra imediatamente uma das "teses" de Walter Benjamin, "Sobre o Conceito de História", de 1940: a saber, aquele que descreve a história da humanidade como uma única catástrofe e o anjo da história como uma figura que voa de costas, com o olhar voltado para os escombros que se amontoam infinitamente, erguendo-se em direção ao céu. O anjo quer parar, escreveu Benjamin, juntar os cacos e as ruínas, mas uma tempestade sopra, estende suas asas e o empurra irremediavelmente em direção ao futuro. Essa tempestade é o que denominamos progresso.[108]

Na passagem de Adorno, essa visão da história como catástrofe é colocada ao lado da posição do espírito crítico: *incapaz de escrever poemas* e *refletir sobre o*

---

[107] "Crítica Cultural e Sociedade", p. 91 (trad. alterada).

[108] "Sobre o Conceito de História", *em: Obras Escolhidas*, op. cit., p. 226.

porquê dessa incapacidade, tamanha é sua reificação, ou seja, o esquecimento do passado, o descolamento do indivíduo e do seu trabalho, a separação entre o trabalho manual e o intelectual etc. Não se trata de um simples "tabu" lançado sobre a poesia e a arte depois de Auschwitz, mas sim de uma reflexão sobre sua radical transformação após aquele fato, que revelou o terrível potencial destrutivo do progresso com sua dialética do esclarecimento: toda cultura assenta-se sobre a barbárie.[109] De certo modo, escrever um poema após Auschwitz implica "esquecer" ou ocultar essa dialética.

A idéia de Adorno teve grande recepção, como na obra de Jean-François Lyotard, um dos principais propagadores dessa estética negativa adorniana em obras como *Heidegger e "Os Judeus"* e *O Inumano*, ambas de 1988.[110] Nelas, o indizível é tratado numa chave que não se pode desvincular da teoria estética do sublime, tal como havia sido formulada por Kant no século 18, agora pensada sob o signo da apresentação da dor — a saber, da *impossibilidade* de representação.[111] Sarah Kofman, para citar outro nome importante nesse campo de reflexão sobre a representação pós-Auschwitz, escreveu: "Sobre Auschwitz e depois de Auschwitz, o relato [*récit*] não é mais possível, se por

---

[109] Cf. Benjamin, ibid., p. 225: "Nunca houve um monumento da cultura que não fosse também monumento da barbárie".

[110] *Heidegger e "Os Judeus"* (Petrópolis: Vozes, 1994); *O Inumano: Considerações Sobre o Tempo* (Lisboa: Estampa, 1989).

[111] Para um desenvolvimento dessa questão da representação do catastrófico – que já gerou enorme bibliografia –, cf. Arthur Nestrovski e M. Seligmann-Silva (orgs.), *Catástrofe e Representação* (São Paulo: Escuta, 2000), assim como o volume por nós organizado, *História, Memória, Literatura: o Testemunho na Era das Catástrofes* (Campinas: Ed. da Unicamp, 2003).

relato compreende-se contar uma história de eventos que constituem um sentido. 'Um relato? Não, nada de relato, nunca mais', diz o narrador de *La Folie du Jour*" – numa referência a um livro de Maurice Blanchot, outro autor cuja obra e reflexão gira em torno dessa mesma questão do fim da narrativa.[112]

O DIREITO DE EXPRESSÃO DA DOR: ADORNO E JEAN AMÉRY

Mas Adorno não manteve aquela restrição à poesia (e às artes) de modo autoritário: nos anos 40, era necessário pensar de modo radical para tentar se aproximar da incomensurabilidade de Auschwitz. Na *Dialética Negativa*, ele revê essa reflexão, mas ainda mantém a afirmação de que buscar um sentido total para o mundo e, especificamente, para a catástrofe significa uma injustiça para com as vítimas.

Para Adorno, a catástrofe provocada pelos homens e sua maldade – pela "segunda natureza" – possui muito mais motivos para desencantar nosso otimismo iluminista do que, por exemplo, o terremoto de Lisboa de 1755, uma tragédia da "primeira natureza", suficiente para curar o filósofo Voltaire (1694-1778)

---

[112] Sarah Kofman, *Paroles Suffoqués* (Paris: Galilée, 1987; p. 21). A autora cita ainda Blanchot: "Todo relato será de antes de Auschwitz, não importando a data em que tenha sido escrito" (p. 22). Com relação ao testemunho na obra de Blanchot, cf. sobretudo seu livro *L'Instant de Ma Mort* (Paris: Fata Morgana, 1994) e o belo livro de Jacques Derrida *Demeure: Maurice Blanchot* (Paris: Galilée, 1998). Acerca da crise da narração no século 20, ver sobretudo o famoso ensaio de Benjamin, "O Narrador", em: *Obras Escolhidas*, v. 1. Em Agamben, *Quel Che Resta di Auschwitz* (op. cit.), essa questão do silêncio que todo testemunho encerra é levada a um paroxismo perigoso, que beira o interdito à reflexão.

de sua crença num princípio divino bom que regeria a história. A metafísica ficou estancada diante daquele acontecimento, que nos roubou as bases que permitiam conectar o pensamento especulativo à experiência. Com o assassinato de milhões de pessoas, morreu também a própria morte, que não pode mais ser integrada na experiência (ao contrário do que acontecia na morte épica e na bíblica).

Adorno interpreta Auschwitz como a realização da promessa de integração absoluta, contida tanto no esclarecimento como no mito. A radical integração implica a morte total. O gesto mimético provocado pelo medo diante das forças da natureza converte-se em fúria assassina contra os próprios homens. A pura identidade transforma-se em morte e, sobretudo, na morte do indivíduo, de seu sonho, que só poderia germinar diante da aceitação da *diferença* que a identidade total justamente recusa. O princípio da autoconservação acabou por revelar o próprio elemento corpóreo, *leibhaft*, dos homens como algo "profundamente comprometido com o contexto de culpa da sociedade".[113] O eu foi reduzido ao "exemplar" que pode ser trocado como qualquer mercadoria. Mas essa situação não justifica o interdito da fala daquele que sofre; donde Adorno ter escrito no seu livro de 1966:

> A dor perpetuada tem tanto direito a expressão [*Ausdruck*] quanto o martirizado ao grito; eis por que pode ter sido equivocado afirmar que não se pode mais escrever nenhum poema após Auschwitz. Não menos equivocada é a questão, me-

[113] Theodor Adorno, *Metaphysik: Begriff und Probleme*. Em: *Nachgelassene Schriften*. Frankfurt a.M.: Suhrkamp, 1998; Abt. IV, Band 14, p. 168.

> nos cultural, se é permitido viver após Auschwitz, se deveria fazê-lo aquele que casualmente escapou e era para ter sido assassinado. Sua sobrevida exige a frieza, o princípio básico da subjetividade burguesa, sem o qual Auschwitz não teria sido possível: culpa drástica dos poupados. Como retribuição, ele é perseguido por sonhos, como o de não mais viver, mas sim ter sido morto na câmara da gás em 1944 e toda a sua existência posterior ser apenas o devaneio emanado do desejo louco de alguém assassinado há 20 anos.[114]

Em suas preleções sobre *Metafísica: Conceito e Problemas*, de 1965, Adorno já formulara essas idéias, posteriormente reelaboradas para seu livro. Vale notar que, naquele ano, o filósofo situava Auschwitz ao lado da tortura[115] e da bomba atômica, o que constituiria para ele uma "unidade infernal".[116] Com Auschwitz, ocorreu uma mudança qualitativa na frase que afirma que

---

[114] *ND*, p. 355s.

[115] Na preleção, Adorno cita o ensaio de Jean Améry (autor que ele não conhecia até então) sobre a tortura que este sofrera nas mãos da Gestapo. Adorno o usa como prova do fato de que quem foi torturado também sofre uma dor perene, pois nunca consegue esquecer nem por um instante aquela situação de dor e destruição do eu. Nesse ensaio de Améry, "Die Tortur" (publicado originariamente na revista *Merkur* em 1965), lemos que a tortura constituía a própria essência do Terceiro Reich, que ele via como sua "apoteose". Para Améry, "quem foi torturado permanece torturado". Améry negou a crença de Hannah Arendt de que existiria algo como uma "banalidade do mal"; H. Arendt fora levada a essa conclusão após ter acompanhado o julgamento de Eichmann, em Jerusalém, no início dos anos 60. (Cf. *Eichmann em Jerusalém: um Relato Sobre a Banalidade do Mal*; trad. J.R. Siqueira; São Paulo: Companhia das Letras, 1999.) Améry, assim como Adorno, afirma a impossibilidade de abstração diante desse acontecimento. Vale notar que Adorno, normalmente crítico diante das idéias de H. Arendt, aceita a tese da banalidade do mal (cf. *Metaphysik*, p. 180).

[116] *Metaphysik*, p. 162.

a metafísica, com sua formação do sentido, sempre foi ideológica. A metafísica – e a filosofia de modo geral – que não leve em conta Auschwitz é, para Adorno, mera tagarelice. O mesmo vale para as artes. Por isso, em outra passagem reformuladora de seu verecdito de 1949, ele escreveu:

> Eu aceitaria de bom grado que, tal qual eu disse, não se *pode* mais escrever poesia após Auschwitz – com o que eu quis indicar o vazio da cultura existente. Por outro lado, *sim, devem-se* escrever poemas, no sentido da frase de Hegel na *Estética*, que afirma que, enquanto existir consciência do sofrimento [*Leiden*] entre as pessoas, deve justamente existir a arte como configuração objetiva dessa consciência. E Deus sabe como não vou nem posso me arrogar a aplanar tal antinomia, porque nela os meus próprios impulsos estão totalmente do lado da arte, a qual, devido a um mal-entendido, acusaram-me de ter pretendido reprimir.[117]

Na seqüência dessa passagem, que preparou a revisão da *Dialética Negativa*, Adorno também discorre sobre se *podemos* viver após Auschwitz. Ele afirma que *ele mesmo* sofre do sonho recorrente de ter morrido e ser apenas a emanação do desejo de uma vítima de Auschwitz. Para ele, a sobrevida tem um valor de crítica necessária, encerra a possibilidade de trazer à voz a barbárie que quer ser esquecida pela sociedade. Na *Dialética Negativa*, assim como nas pre-

---

[117] Ibid., p. 172s. Sobre essa "dívida" de Adorno para com a teoria estética de Hegel, cf. os comentários dos organizadores das suas obras em *Nachgelassene Schriften*, Band IV (Frankfurt a.M.: Suhrkamp, 1993; p. 400).

leções, ele também fala do novo imperativo categórico moral após Auschwitz: a humanidade deve "orientar seu pensamento e ação de tal modo que Auschwitz não se repita, que nada de semelhante ocorra".[118] Para Adorno, esse imperativo não pode ser fundamentado. Sua única base é o próprio corpo e a dor deste:

> Tratá-lo [a esse imperativo] de modo discursivo seria um sacrilégio: nele, deixa-se sentir de modo corpóreo [*leibhaft*] o momento daquilo que se apresenta no ético. Corpóreo, porque é a aversão que se tornou prática diante da dor insuportável a que os indivíduos estão expostos, mesmo depois de a individualidade, enquanto forma de reflexão, ter caminhado para o desaparecimento. A moral sobrevive apenas no motivo materialista não-maquilado.[119]

Se recordarmos, com Jean Améry, que "a dor é a intensificação mais elevada de nossa corporeidade [*Körperlichkeit*] que podemos conceber", que nela ocorre a redução à equação "corpo = dor = morte",[120]

---

[118] *ND*, p. 358; *Metaphysik*, p. 181.

[119] *ND*, p. 358. Nas preleções, podemos ler: "Quando afirmo aos senhores que o fundamento próprio da moral consiste, eu diria, no sentimento do corpo [*Körpergefühl*], na identificação com a dor insuportável, então estou mostrando algo de outra perspectiva, que eu antes tentara indicar de modo muito mais abstrato – a saber, que a moral, aquilo que podemos denominar moral, ou seja, o fomento da vida correta, sobrevive em motivos materialistas não-maquilados" (*Metaphysik*, p. 181). As mais abstratas e "elevadas" verdades da filosofia revelam-se aquém daquilo que é o mais importante: o cadáver, a decomposição e o matadouro. É por isso que Beckett representa para Adorno um dos poetas mais verdadeiros após Auschwitz: ele se mantém fiel àquela verdade (ibid., p. 184).

[120] Améry, op. cit., p. 615.

compreenderemos a gravidade do fato de que é nesse achatamento da existência que Adorno vai buscar a última referência possível à experiência, sem a mentira da abstração. A memória da dor deve servir de arma para garantir que esse mesmo corpo não seja novamente torturado. A situação da dor mantém a distância para com o mundo, no sentido de seu constructo conceitual falsamente universal, e revela a única verdade incontestável:

> Tanto quanto permanece da experiência da tortura um saber que vai além do mero pesadelo, esse saber é o de uma grande surpresa e de uma estranheza do mundo que não pode ser compensada por nenhuma comunicação humana posterior. Um estupor acerca da existência do outro que se afirma sem limites na tortura – e diante daquilo em que nós mesmos podemos nos transformar: carne e morte. [...] A ignomínia de tal aniquilação não se deixa apagar. Quem foi martirizado permanece, desarmado, entregue ao medo. É *ele* que, a partir saí, detém o cetro.[121]

Para Adorno, não só a ética fica condenada a se rearticular com base no frágil corpo humano, mas também a arte (que antes da Segunda Guerra Mundial ele, como vimos, já pensara pela chave da apresentação do sofrimento) deve, mais do que nunca, ser pensada a partir do corpo e da expressão de sua dor. Conforme se lê no capítulo "Elementos do Anti-Semitismo", da *Dialética do Esclarecimento*:

---

[121] Ibid., p. 622.

toda expressão é o eco doloroso de um poder superior, a violência que se exprime na lamentação.[122] Ela é sempre exagerada, por mais sincera que seja, pois, assim como toda obra de arte, cada lamentação parece conter o mundo inteiro. Só a obra realizada é adequada. É ela, e não a mimese, que consegue pôr termo ao sofrimento.[123]

Para concluir, passemos à indicação das discussões de cunho estético abertas pela era das catástrofes.

---

[122] O termo alemão aqui é *Klage*. É importante notar a relação etimológica que existe em alemão entre "lamentar-se" e "acusar", *anklagen*. Essa proximidade pode ser destacada em português na expressão "queixar-se", passível de ser desdobrada em "dar queixa". Vale notar que o artigo de Améry fecha com uma referência ao medo que, ao lado do ressentimento, não pode sequer ter a chance de se deixar filtrar e apaziguar no desejo de vingança.

[123] *DE*, p. 170.

7. PALAVRAS FINAIS: ESTÉTICA, UTOPIA E REDENÇÃO

Na *Dialética Negativa*, de modo enfático, Adorno afirma que "toda cultura depois de Auschwitz, junto com a crítica urgente a ela, é lixo".[124] Como pensar a arte nesse contexto de crítica radical da cultura? Mesmo o silêncio da arte não valeria como resposta, pois teria por fundo uma falsa racionalização da incapacidade subjetiva de apresentar a verdade objetiva. O romancista e dramaturgo irlandês Samuel Beckett (1906-89) é tomado por Adorno nessa obra como uma possível solução para a aporia estética, isto é, para a situação de impossibilidade de ser artista sem, ao mesmo tempo, ser apologista da barbárie.

Beckett reagiu do único modo conveniente à situação do campo de concentração, que ele não

[124] *ND*, p. 359.

> nomeia, como se pairasse sobre ele um interdito da imagem [*Bildverbot*]. O que *é* seria como o campo de concentração. Certa vez, ele falou de condenação perpétua à vida. A única esperança que desponta é que já não exista mais nada. Mesmo essa esperança é rejeitada por ele. Da fenda da inconseqüência que assim se forma, nasce o mundo de imagens do nada que sua poesia apreende. Mas, na herança da ação, do continuar estóico aparente, grita-se silenciosamente que deve ser diferente. Tal niilismo implica o contrário da identificação com o nada. [...] Enquanto o mundo permanecer o que é, todas as imagens de reconciliação, paz e tranqüilidade se assemelharão à da morte. A menor diferença entre o nada e aquilo que atingiu a tranqüilidade seria o abrigo da esperança, terra de ninguém entre as balizas do Ser e do Nada.[125]

Para Adorno, as artes visam a essa "pequena diferença", tem como norte a estreita faixa de exílio para onde se baniu a esperança.

Na *Teoria Estética*, a poesia de Paul Celan (1920-70) surge como um dos exemplos máximos dessa arte de manifestação paradoxal do sofrimento e da esperança. Adorno nota o momento de verdade no hermetismo da obra daquele poeta no fato de ela se recusar a entrar no jogo da comunicação (que domina a indústria cultural). O lirismo de Celan nasce paradoxalmente da "vergonha [*Scham*] da arte perante o sofrimento, que se abstrai tanto à experiência como à sublimação". E Adorno continua: "Os poemas de Celan

---

[125] Ibid., p. 373s.

querem exprimir o horror extremo através do silêncio"[126] – como no grito silencioso de Beckett ou nos inúmeros gritos da obra do artista plástico Francis Bacon.[127]

Celan é o mestre da "infinita discrição". De modo poético, Adorno fala da língua da poesia de Celan como uma imitação de uma linguagem aquém da linguagem, que se encontra decantada nas pedras e estrelas. Essa linguagem do inanimado – que dá voz aos mortos em Auschwitz e, hoje, à humanidade morta em plena era glamourosa dos clones e do pós-humano –, na mesma medida em que ainda pode ser articulada, guarda em si uma consolação e uma esperança. Como em Kafka, Celan indica, por meio das palavras, os caminhos que vão do horror ao silêncio: esses autores, com Beckett, abrem um canal entre o recalcado abjeto e o silencioso sublime. Na obra de Adorno, as obras desses e outros grandes autores e artistas reverberam e encontram sua formulação teórica, sem a qual poderiam correr o risco de se perder novamente num mundo surdo aos sofrimentos que o progresso lhe impõe.

Enquanto constructos de "mímesis e racionalidade", as obras de arte têm para Adorno a capacidade de, em seu ser enigmático, apresentar a verdade.[128] Elas possuem, portanto, um íntimo parentesco com a filosofia – mas cabe à reflexão filosófica abrir o teor de verdade das obras para que ele não se perca no nada.

Adorno foi esse filósofo comentador de obras literárias e musicais, e hoje sua própria obra dirige-se

---

[126] *Teoria Estética*, p. 354.

[127] Cf. nosso ensaio "Arte e Dor. Ou: Variações Sobre a Arte de Pintar o Grito" (*Alea*, UFRJ, n. 5/1, janeiro-junho 2003).

[128] *Teoria Estética*, p. 148.

a nós solicitando ser lida e interpretada. Sua atualidade é incontestável. Para ele, assim como para Walter Benjamin, "toda grande obra possui seu irmão (irmão ou irmã?) numa esfera filosófica".[129] O filósofo crítico desvenda essas afinidades entre o mundo da arte, que é mímesis e expressão, e o do conceito. Se para Adorno as obras de arte produzem felicidade na mesma medida em que resistem à barbárie, também é verdade que podemos encontrar essa promessa realizada em sua própria obra.

---

[129] Benjamin, *Gesammelte Schriften*, Band I, p. 835.

CRONOLOGIA

1903 – Em 11 de setembro, nasce em Frankfurt am Main (Alemanha). Ainda nos tempos de escola, conhece Siegfried Kracauer.

1921 – Conclui sua formação escolar. Lê *Espírito da Utopia*, de Ernst Bloch, e *A Teoria do Romance*, de Lukács.

1922-3 – Estuda filosofia, sociologia, psicologia e teoria da música em Frankfurt. Conhece Horkheimer, Pollock e Benjamin.

1924 – Doutora-se com tese escrita sob o influxo das idéias de seu orientador, Hans Cornelius: *A Transcendência do Coisal e do Noemático na Fenomenologia de Husserl*.

1925 – Em Viena, estuda teoria musical e composição com Alban Berg e Schönberg. Assiste a palestras de Karl Kraus e conhece Hans Eisler.

1927 – Redige sua tese de habilitação, *O Conceito de Inconsciente na Doutrina Psíquica*

Transcendental, que é retirada antes de iniciado o concurso. Conhece sua futura esposa, Margarethe (Gretel) Karplus.

1928 – Conhece Ernst Bloch.

1929-30 – Redator da revista cultural *Anbruch*. Sai da redação da revista alegando que ela se tornou órgão de propaganda do Partido Comunista.

1929 – Defende livre-docência junto ao professor Paul Tillich: *Kierkegaard – Construção do Estético*. Sua aula inaugural, "A Atualidade da Filosofia", mostra forte influência de Benjamin.

1933 – Publicação da livre-docência em 30 de janeiro – mesma data da ascensão de Hitler ao poder. Sendo oficialmente considerado judeu, perde o direito de lecionar.

1934 – Emigra para Oxford, na Inglaterra, onde trabalha no Merton College. Conhece Karl Mannheim. Inicia os estudos aprofundados de fenomenologia que culminarão na obra *Para uma Metacrítica da Epistemologia*.

1937 – Casa-se com Gretel Karplus.

1938 – Emigra para os EUA, onde se encontra com os demais membros do Instituto de Pesquisas Sociais. Torna-se membro do Instituto. Assume, ao lado de Paul Lazarsfeld, a direção do Princeton Radio Research Project.

1941 – Muda-se para a Califórnia. Ao lado de Horkheimer, trabalha na *Dialética do Esclarecimento*.

1944-9 – Dirige o Research Project on Social Discrimination (Los Angeles).

1949	–	Volta à Alemanha.
1952-3	–	Dirige a Hacker Foundation (Beverly Hills).
1956	–	Assume a cadeira de titular em filosofia e sociologia na Universidade de Frankfurt.
1958	–	Assume a direção do Instituto de Pesquisas Sociais.
1966	–	Publica *Dialética Negativa*.
1969	–	Em 6 de agosto, morre durante férias na Suíça.

BIBLIOGRAFIA

OBRAS DE ADORNO

Gesammelte Schriften. Hrsg. von Rolf Tiedemann (unter Mitwirkung von Gretel Adorno, Susan Buck-Morss und Klaus Schulz). Frankfurt a.M.: Suhrkamp, 1970-86.

Nachgelassene Schriften. Frankfurt a.M.: Suhrkamp, 1993- .

Notas de Literatura. Trad. C. Galeão. Rio de Janeiro: Tempo Brasileiro, 1973.

Theodor Adorno. Org. Gabriel Cohn. São Paulo: Ática, 1986.

Palavras e Sinais: Modelos Críticos 2. Trad. M.H. Ruschel. Petrópolis: Vozes, 1995.

Teoria Estética. Trad. Artur Mourão. Lisboa: Edições 70, 1982.

Prismas: Crítica Cultural e Sociedade. Trad. A. Wernet e J. Almeida. São Paulo: Ática, 2001.

Minima Moralia: Reflexões a Partir da Vida Danificada. 2. ed. Trad. L.E. Bicca. São Paulo: Ática, 1993.

Filosofia da Nova Música. Trad. M. França. São Paulo: Perspectiva, 1974.

Theodor Adorno e Max Horkheimer, *Dialética do Esclarecimento: Fragmentos Filosóficos*. Trad. G. Almeida. Rio de Janeiro: Jorge Zahar, 1985.

___ e ___ (orgs.), *Temas Básicos da Sociologia*. Trad. A. Cabral. São Paulo: Cultrix, 1978.

___ e Walter Benjamin, *Briefwechsel 1928-1940*. Frankfurt a.M.: Suhrkamp, 1994.

___, ___, Max Horkheimer e Jürgen Habermas, *Textos escolhidos*. São Paulo: Abril Cultural, (coleção "Os Pensadores"), 1983.

DEMAIS OBRAS DE INTERESSE

Jean Améry, "Die Tortur". Em: *Werke*, Band II. Stuttgart: Klett-Cotta, 2002.

Walter Benjamin, *Gesammelte Schriften*. Hrsg. von Rolf Tiedemann und Hermann Schweppenhäuser. Frankfurt a.M.: Suhrkamp, 1972-.

Christian Béthume, *Adorno et le Jazz: Analyse d'un Déni Esthétique*. Paris: Klincksieck, 2003.

Susan Buck-Morss, *Origen de la Dialéctica Negativa: Theodor W. Adorno, Walter Benjamin y el Instituto de Frankfurt*. Trad. Nora R. Maskivker. Madrid/Bogotá/México: Siglo Veintiuno, 1981.

Rodrigo Duarte, *Adornos: Nove Ensaios Sobre o Filósofo Frankfurtiano*. Belo Horizonte: Ed. da UFMG, 1997.

___, *Mímesis e Racionalidade*. São Paulo: Loyola, 1993.

Max Horkheimer, *Eclipse da Razão*. Trad. Sebastião Uchoa Leite. Rio de Janeiro: Labor, 1976.

Martin Jay, *As Idéias de Adorno*. Trad. Adail U. Sobral. São Paulo: Cultrix/Edusp, 1988.

___, *La Imaginación Dialéctica: una historia de la Escuela de Frankfurt y el Instituto de Investigacion Social (1923-1950)*. Trad. Juan C. Curutchet. Madrid: Taurus, 1986.

Marc Jimenez, *Para Ler Adorno*. Trad. Roberto Ventura. Rio de Janeiro: Francisco Alves, 1977.

Olgária Matos, *Os Arcanos do Inteiramente Outro: a Escola de Frankfurt, a Melancolia e a Revolução*. São Paulo: Brasiliense, 1989.

Marcos Nobre, *A Dialética Negativa de Theodor W. Adorno*. São Paulo: Iluminuras, 1998.

Wilhelm van Reijen e Gunzelin S. Noerr (Hg.), *Grand Hotel Abgrund: eine Photobiographie der Frankfurter Schule*. Hamburg: Junius, 1990.

Sergio Paulo Rouanet, *Teoria Crítica e Psicanálise*. Rio de Janeiro: Tempo Brasileiro, 1983.

Gerhard Schweppenhäuser, *Theodor W. Adorno zur Einführung*. Hamburg: Junius, 1996.

Álvaro Valls, *Estudos de Estética e Filosofia da Arte Numa Perspectiva Adorniana*. Porto Alegre: Ed da UFRGS, 2002.

Capa de um dos volumes da edição alemã das obras completas de Adorno

SOBRE O AUTOR

Márcio Seligmann-Silva é professor de teoria literária e literatura comparada na Unicamp. Doutorado em teoria literária e literatura comparada pela Universidade Livre de Berlim, é autor de *Ler o Livro do Mundo: Walter Benjamin – Romantismo e Crítica Poética* (Iluminuras, 1999) e organizador de *Leituras de Walter Benjamin* (AnnaBlume, 1999), *História, Memória, Literatura: o Testemunho na Era das Catástrofes* (Ed. da Unicamp, 2003) e *Catástrofe e Representação* (com Arthur Nestrovski; Escuta, 2000). Também traduziu obras de G.E. Lessing (*Laocoonte*), Walter Benjamin (*O Conceito de Crítica de Arte no Romantismo Alemão*), Philippe Lacoue-Labarthe e Jean-Luc Nancy (*O Mito Nazista*) e Jürgen Habermas (*Constelação Pós-Nacional*).

FOLHA
EXPLICA

Folha Explica é uma série de livros breves, abrangendo todas as áreas do conhecimento e cada um resumindo, em linguagem acessível, o que de mais importante se sabe hoje sobre determinado assunto.

Como o nome indica, a série ambiciona *explicar* os assuntos tratados. E fazê-lo num contexto brasileiro: cada livro oferece ao leitor condições não só para que fique bem informado, mas para que possa refletir sobre o tema, de uma perspectiva atual e consciente das circunstâncias do país.

Voltada para o leitor geral, a série serve também a quem domina os assuntos, mas tem aqui uma chance de se atualizar. Cada volume é escrito por um autor reconhecido na área, que fala com seu próprio estilo. Essa enciclopédia de temas é, assim, uma enciclopédia de vozes também: as vozes que pensam, hoje, temas de todo o mundo e de todos os tempos, neste momento do Brasil.

1 MACACOS — Drauzio Varella
2 OS ALIMENTOS TRANSGÊNICOS — Marcelo Leite
3 CARLOS DRUMMOND DE ANDRADE — Francisco Achcar
4 A ADOLESCÊNCIA — Contardo Calligaris
5 NIETZSCHE — Oswaldo Giacoia Junior
6 O NARCOTRÁFICO — Mário Magalhães
7 O MALUFISMO — Mauricio Puls
8 A DOR — João Augusto Figueiró
9 CASA-GRANDE & SENZALA — Roberto Ventura
10 GUIMARÃES ROSA — Walnice Nogueira Galvão
11 AS PROFISSÕES DO FUTURO — Gilson Schwartz
12 A MACONHA — Fernando Gabeira
13 O PROJETO GENOMA HUMANO — Mônica Teixeira
14 A INTERNET — Maria Ercilia
15 2001: UMA ODISSÉIA NO ESPAÇO — Amir Labaki
16 A CERVEJA — Josimar Melo
17 SÃO PAULO — Raquel Rolnik
18 A AIDS — Marcelo Soares
19 O DÓLAR — João Sayad
20 A FLORESTA AMAZÔNICA — Marcelo Leite
21 O TRABALHO INFANTIL — Ari Cipola
22 O PT — André Singer
23 O PFL — Eliane Cantanhêde

24	A ESPECULAÇÃO FINANCEIRA	Gustavo Patú
25	JOÃO CABRAL DE MELO NETO	João Alexandre Barbosa
26	JOÃO GILBERTO	Zuza Homem de Mello
27	A MAGIA	Antônio Flávio Pierucci
28	O CÂNCER	Riad Naim Younes
29	A DEMOCRACIA	Renato Janine Ribeiro
30	A REPÚBLICA	Renato Janine Ribeiro
31	RACISMO NO BRASIL	Lilia Moritz Schwarcz
32	MONTAIGNE	Marcelo Coelho
33	CARLOS GOMES	Lorenzo Mammì
34	FREUD	Luiz Tenório Oliveira Lima
35	MANUEL BANDEIRA	Murilo Marcondes de Moura
36	MACUNAÍMA	Noemi Jaffe
37	O CIGARRO	Mario Cesar Carvalho
38	O ISLÃ	Paulo Daniel Farah
39	A MODA	Erika Palomino
40	ARTE BRASILEIRA HOJE	Agnaldo Farias
41	A LINGUAGEM MÉDICA	Moacyr Scliar
42	A PRISÃO	Luís Francisco Carvalho Filho
43	A HISTÓRIA DO BRASIL NO SÉCULO 20 (1900-1920)	Oscar Pilagallo
44	O MARKETING ELEITORAL	Carlos Eduardo Lins da Silva
45	O EURO	Silvia Bittencourt

46 A CULTURA DIGITAL — Rogério da Costa
47 CLARICE LISPECTOR — Yudith Rosenbaum
48 A MENOPAUSA — Silvia Campolim
49 A HISTÓRIA DO BRASIL NO SÉCULO 20 (1920-1940) — Oscar Pilagallo
50 MÚSICA POPULAR BRASILEIRA HOJE — Arthur Nestrovski (org.)
51 OS SERTÕES — Roberto Ventura
52 JOSÉ CELSO MARTINEZ CORRÊA — Aimar Labaki
53 MACHADO DE ASSIS — Alfredo Bosi
54 O DNA — Marcelo Leite
55 A HISTÓRIA DO BRASIL NO SÉCULO 20 (1940-1960) — Oscar Pilagallo
56 A ALCA — Rubens Ricupero
57 VIOLÊNCIA URBANA — Paulo Sérgio Pinheiro e Guilherme Assis de Almeida
58 ADORNO — Márcio Seligmann-Silva

Este livro foi composto nas fontes
Bembo e Geometr 415 e impresso em
agosto de 2003 pela Imprensa da Fé,
sobre papel offset 90 g/m^2, com
fotolitos fornecidos pela Spress.